小林秀雄の秘密

『本居宣長』をわかりやすく

はじめに

小林秀雄の『本居宣長』は、名著の評判も高く、なんといっても著者晩年の大作である。新潮文庫の二分冊の見事なデザインにも魅かれて、何度もチャレンジした方もいるかもしれない。いや、少なくないだろう。ただ、『本居宣長』は文庫一冊だけでも、圧倒するように厚い。それが二冊で、しかも、古文・漢文がたくさん、原文のまま引用されている。中には、それをものともせずに読み進む勇者もいるだろう。そのような方は、それでよい。が、本書には、小林秀雄の『本居宣長』を読んだだけではわからない視角も開かれているので、楽々と『本居宣長』を読破する強者《つわもの》も、あながち、得るところがないとは言わせないつもりである。

しかし、本書は、基本的に、この小林秀雄の『本居宣長』をもっと気軽に、もっとわかりやすく、内容に親しんでもらおうというのが、本来の目的である。本書は、そのような読者の皆様の要望にお応えしたく、書かれたものであり、楽しんでいただくための入門書である。小林秀雄と本居宣長という巨人に、遊び心で親しんでいただくためのものである。

多くの現代語訳をつかって、できるだけ読みやすいように心がけたつもりである。本書がいかに親しみやすいかは、目次を見てもらえば一目瞭然である。

＊テキストには『小林秀雄全作品27』（二〇〇四年十二月）、『小林秀雄全作品28』（二〇〇五年一月）を使用し、「もののあはれ」、「やまと心」などの表記は無理に統一せず、また、他の表記も適宜にあらためたところがある。

目次

part I

part II

part III

Part I

1　宣長夫婦はバツイチ同士、アリーナ・ザギトワ「マサル」

宣長夫婦はバツイチ同士だという事実に秀雄はまったく触れていない。資料がなかったか、どうかしたのだろう。「伝記的事実」を重んじる秀雄にしてはめずらしいことである。宣長は数え年三十一歳の時、村田ふみと結婚したが、長続きせず、三十三歳に京都遊学時代の友人の妹で、夫と死別した草深たみと再婚した。かつてその友人の家に一泊したことがあり、顔見知りであったろうという。そのたみは改名して「勝《かつ》」となり（アリーナ・ザギトワに贈られたメスの秋田犬の「マサル」とは違う）、生涯つれそった。宣長の母親も「勝《かつ》」という名前である。母は賢母であり、宣長の資質を知り抜いて、京都に遊学させて医師にならせるための配慮もした。この母親あっての宣長である。私は妻を母と同じ名前にしたということが妙に気になる（宣長の先妻ふみも改名しているので、改名それ自体は、変わったことではなかったであろう）。

宣長は『源氏物語』（平安中期の成立、一〇〇〇年前後頃）の研究で名高い。『紫《し》文《ぶん》要領《ようりょう》』（一七六三年、脱稿）という著書がそれである。宣長、三十四歳。「もののあわれの文学」と紫式部の『源氏物語』の本質を定義したことは文学史的に著名である。三十四歳で歴史に名をのこしたのである。実を言うと、だれも大声では言わないが、『源氏物語』は〈貴族の子女のエロ本〉である。と同時に高級な日本の最高の古典作品で世界的にも名高い。英訳はもちろん、ロシア語訳などもある。マンガにしたものもある。現在、先進国である欧米などは日本の平安時代に、ほとんどはただの未開の国だったので、こんな高水準な文学作品などはなかった。『源氏物語』は暇を持てあました貴族の子女を中心に当時は読まれた。

天皇の子で美男子でナンパ（色好み）の天才光源氏が主人公であることはよく知られているだろう。父の天皇、桐壺帝《きりつぼ》は正妻を始め多くの婦人たちを妻にしていたが、光源氏の母である桐壺の更衣《こうい》への愛におぼれて正妻を始めとする婦人たちをかえりみなかった。「朝廷」とはもともとは「朝の会」という意味で本来は政治会議のことである。天皇は、それにさえ朝寝坊するほど桐壺の更衣に夢中だった。ところが光源氏が幼少のうちに桐壺の更衣は死んでしまう。そして悲嘆に暮れた桐壺帝は、若くて美しい、光源氏の母親に生き写しの藤壺を新たに妻にする。父の妻の藤壺が、自分の母親にそっくりだということを知って、光源氏は藤壺になつく。そうして成長するうちに、藤壺も光源氏の美しさに魅了されたのであろう、光源氏の子を孕《はら》む。自分の父親の妻に光源氏は子どもを産ませる。父はそれに気がつかないで、のちのちのことであるが、その子は天皇となる。いわば継母を孕ませたのである。

光源氏にとっては藤壺がこの上ない理想の女性であるが、まさか妻にするわけにはいかないので、藤壺の姪《めい》の、まだ幼い少女を引き取って面倒をみて、貴族の女性としてのたしなみや、うつくしい字の書き方など、家庭教師のお兄ちゃんのようにかわいがる。そしてだっこして一緒に寝たりしていたのだが、ある時、「いい女になったなあ」と思った光源氏はだっこして寝ていた少女に性行為に突然、およぶ。やさしいお兄ちゃんだとばかり思っていたのに、はずかしいことをされたと思った藤壺の姪は、翌朝、布団をかぶって起きてこない。「お兄ちゃん、ひどい」ってわけだ。これがヒロインの紫の上である。光源氏の正妻になる人である。

などというお話の『源氏物語』なのだが、話を大きくもどすと、宣長は自分の母と同じ名前の女性と夫婦関係になって、違和感がなかったであろうか。思い入れが過ぎるといえば、そうであるが、いかにも『源氏物語』を愛しに愛した宣長らしい。

2　秀雄と『女城主直虎』の菅《す》田《だ》将暉《まさき》

権田和士《かずひと》という秀雄研究者がいる。『言葉と他者 小林秀雄試論』（青簡舎　二〇一三年十月）という本を出した。氏は秀雄が実際に読んで傍線を引いたり、書き込みをしたりした本を調査して、研究論文にしている人である。読んでみると〈影響論〉ではすまされない、秀雄が「パクッた」としか思えないところに出会って、びっくりした。

まず、問題となる宣長の『宇比山踏《ういやまぶみ》』（一七九八年）の引用から始めてみよう。宣長が弟子たちの求めに応じて、どのように勉強したら立派な学者になれるかを書いたものである。

語釈は緊要にあらず、語釈とは、もろもろの言の、然云《しかい》ふ本の意を考へて、釈《と》くをいふ、

宣長たちの研究しているのは、自分たちの江戸時代よりずっと昔の古文であるから、訳してみると、「古語の意味の詳しい説明は後まわしでよい、急ぐ必要はない。「語釈」とは、

それぞれの言葉が、なぜそういう意味なのかの元々の意味を考えて、意味を説明することをいうが、（それほど重要なことではない）」となる。

江戸時代には、平安時代の『古今和歌集』（九〇五年頃成立）も古文であって、よくわからなくなっており、宣長は『古今集遠鏡《とおめがね》』（一七九三年まで成立）という、日本初の〈現代語訳〉をしたということでも有名である。「遠鏡《とおめがね》」とは、望遠鏡のことである。江戸時代から、平安時代を望遠鏡で観察するようにして、日本で初めての勅撰《ちょくせん》和歌集である『古今和歌集』を江戸時代の平易な言葉に、〈現代語訳〉した。「勅撰」の《勅》は「天皇の命令」を意味する。明治の「教育勅語」とかの、《勅》である。こんなふうに古典作品を〈現代語訳〉するというのは現代では当たり前のことになっているが、宣長以前にはだれもやった人はいなかった。

じゃあ、話をもとに戻して引用文で宣長は、どう考えているかというと、朝、人に会ったら、「おはよう」と言う。「おはよう」とは、そんなもんだと思うから、特に「おはよう」の「語源」や「元々の意味」を考えたりはしない。「おはよう」の「意味」を知らない幼児でも、「どんな元々の意味、語源」なのかではなく、単純な口真似から始めて、どういう状況で、「どういうふうに使うか＝〈語の運用〉」から、「おはよう」の「意味」を考えて使うのに慣れてきて習得できればよい、ということなのだ。これを専門的には〈帰納法〉、ないしは、極端に推し進めれば〈語用論〉という。一つ一つの言葉の意味を国語辞典のように、「本来の意味」はこういう意味であると固定するのではなく、「言葉は使われ次第でその場その場の意味をもつ」と、まあ、極論すれば、そういうことになる。現代で国際的に活躍している批評家の柄谷行人なども、この考えである。「日本語の単語」という考え方が、まだ、しっかりとはできていない時代である。宣長はなにしろ江戸時代のことであるから、精確な品詞分解のない時代である。もともと、日本語は、英語のように、単語と単語がわかれていない。単語と単語の間に「スペース」がないから、文章を「単語」にわけろと言われても、なかなかできない。だから辞書も引けないことになりやすい。ましてや江戸時代には、現代のように便利な、完成された国語辞典や古語辞典はない。「どう使われるか」から言葉の意味を考えていく場合が多いのである。

さて、権田和士の話から遠く離れてしまったが、氏は、その『小林秀雄試論』の中で、国語学者の時枝誠記《もとき》『国語学史』（岩波書店　一九四〇年）をあげている。この本で時枝は一つの言葉にいくつかの「意味」がある場合、宣長が尊敬する国学者の先輩、契沖《けいちゅう》・賀茂《かもの》真淵《まぶち》などが、「語の本来の意味、元々の意味」にこだわって、そこから手順を踏んで、「元々の意味」から新しく生まれた意味、別の意味を説明するというやり方にこだわったと述べている。そして秀雄が持っている『国語学史』の次のところに傍線が引かれてあるという。

宣長は、かゝる本義正義の探求（宣長はこれを『語釈』といった）にさまで価値を認めようとはせず、寧《むし》ろこれを拒否する態度に出た。

「かゝる本義正義」とは、「このような言葉の本来の意味や語源」という意味で、ここに秀雄は傍線を引っ張っているのである。「さまで価値を認めようとせず」とは、「それほど重要なこととはせず」くらいの訳になる。そして時枝のよく使う「転義」を宣長は重要視した、という意見を秀雄が『本居宣長』で繰り返し書いていることは、秀雄の『本居宣長』を読まれた方なら、すぐに気がつくであろう。

「転義」とは、「元々の意味から、新しく生まれた別の意味」のことである。「行く」という言葉を例に取ると、「学校に行く」と「満足が行く」、「納得が行く」、性交の時に「行く」では、意味が違う。最初の意味から、違った新しい意味、「転義」が生まれる。これらの違った「言葉の意味」を「語の使われる状況や、使われ方」を考えて、「意味」をそれぞれ定義していくのが〈語用論〉である。最近の日本では「やばい」の使われ方に変化があって、昔の「元々の意味、本来の意味」とは違う「新しい意味」である。みんな、なんとなく、その言葉の使われ方から、「新しい意味＝転義」を察知する。秀雄は『本居宣長』の本文で次のように書いている。

古学に携《たずさ》わる学者が誘われる、語源学的な語釈を、彼は信用していない。学問の方法として正確の期し難い、怪しげなものである以上、有害無益のものと断じたい、という彼のはっきりした語調に注意するがよい。契沖、真淵を受けて、「語釈は緊要にあらず」と言う宣長の踏み出した一歩は、百尺《ひゃくしゃく》竿頭《かんとう》にあったと言ってもよい。（傍点

佐藤）

秀雄は時枝の名前はもちろん、『国語学史』もいっさい表面には出さないし、『本居宣長』には「参考文献目録」もない。「百尺竿頭」とは、『小林秀雄全作品27』（新潮社　二〇〇四年十二月）の注釈によれば、「百尺もある竿《さお》の尖端《せんたん》、の意で、到達している極点、極致のこと。中国、宋の禅僧道原が著した仏者・禅師の伝記集成「景徳伝灯録」〈一〇〉に、到達した極致からさらに向上をはかる意で「百尺竿頭一歩を進む」とある」。

ちなみに、この「百尺竿頭一歩を進む」とはＮＨＫ大河ドラマ『女城主直虎』で俳優の菅田将暉が井伊直政役で徳川家康に向かって言ったセリフである。秀雄は「一歩」を前に持ってきて、「百尺竿頭」を後ろに持ってきて分解して述べている。契沖や真淵のやり方をやめて、最高の極致に達して、さらに前進する宣長を賞讃しているのである。「一尺」は約三〇センチ余りだから、「百尺」は三〇メートル余で、その「竿《さお》のてっぺん」に立つのである。そこで一歩進むのである。ふつうなら目がくらんで落ちると思う。仏教でも、禅宗はこんな奇抜な（ありえない！）表現をする。

もっとも時枝は〈語用論〉ではなく、「帰納法による語義の理解」といっている。秀雄は「帰納法」という〈学者的理解〉が気に入らなかったのかもしれない。いかにも「調査研究」して、語義を確定する学者さんらしい学術用語である。同じ学者さんでも『本居宣長全集　第一巻』（筑摩書房　一九六八年五月）の「解題」を担当している大野晋《すすむ》は、宣長は

「晩年に至っても、語源研究に対しては、あまり熱心でない」として、冷《さ》めた見方をしている。「百尺竿頭」などというように熱い、賞讃すべき事実を何ら認めない。宣長も少しだけやった「語源の説明は、今日の国語学としては、首肯し難いものである」としている。

宣長の時代は「国語学」の基礎作りが始まったばかりで、言葉の「元々の意味や、語源」を詳しく説明するのには時期尚早であったのである。だから〈語用論〉や〈帰納法〉が実践的であった。〈語源論〉は、相当優れた学者さんでさえ、「当てずっぽう」になりやすい。たとえば「神《かみ》」の語源、本来の意味は「上《かみ》」であるという説があった。これはまちがいである。「神《かみ》」の〈み〉と、「上《かみ》」の〈み〉は、国語学者の橋本進吉などの研究によれば、別の〈み〉なのである。これは『万葉集』などの《万葉仮名》、いわゆる「上代特殊仮名遣い」まで調べて実証されることである。大野晋が河出文庫『日本人の神』で挙げている例である。宣長は「上代特殊仮名遣い」に気がついて意識していたが、近代・現代の国語学のような高度な学問的活用水準には及ばなかった。ただ、宣長は「定家仮名遣い」（小倉百人一首で有名な鎌倉時代の藤原定家が決めた仮名遣い）から途中でぬけだして「歴史的仮名遣い」で書いている。

3　宣長は、いわゆる「国学者」か？《ふたりの宣長》

田中康二に中公新書『本居宣長　文学と思想の巨人』という手軽な入門書がある。氏は多くの宣長研究書を出している専門家である。宣長の『漢字三音考』（一七七一年までに成立、一七八五年出版）という著書から原文を引用して、わかりやすく現代語訳をしている。ここでは都合がよいので、少し長くなるが現代語訳を拝借してみよう。

——日本は、天地の間にあるすべての国をお照らしになられる天照大御神《あまてらすおおみかみ》のお生まれになられた源《みなもと》の国であって、その御子孫の皇統は天地とともに動きなく永久に伝わりなされて、千万年の後の御代までも、天下を統治なさる御国であるので、言葉にするのも畏れ多い天皇の尊くていらっしゃることは、天地の間に二つとなくて、すべての国の大君でいらっしゃるので、諸外国の王たちはすべて臣下と称して、わが国に服従すべき道理が明白である。

途中で、引用を止めさせてもらう。宣長によると「天照大御神」は、雲がない時や夜のほかには、あの空に輝く「太陽」である、という。田中氏の同書でも、「日の神」論争として、上田秋成との論争を扱っている。宣長は、「天照大御神」は空の太陽だといって絶対にゆずらなかった。そんなことは秋成によると、江戸時代の科学の常識でもありえないという。宣長としては、これは『古事記』を研究した結果であった。これはふたりの論争を検討するまでもなく、秋成が正しい。あたりまえだ。

引用によると、日本は、「太陽」が生まれた国ということになる。しかも国際的にも天皇は「すべての国の大君」であるから、諸外国は日本に「服従」すべきである、というのだ。これは「大日本帝国主義」である。第二次世界大戦へまっしぐらのイデオロギーである。秀雄は「国学者」としての宣長の言い分を、ことこまかに『本居宣長』の多くの紙面をさいて、くどくど述べているが、そんな必要はまったくない。ここでの宣長は「国学者」ではなく、日本の「神道の教祖」である。《信仰》の問題であって、「国学者」の《学問》の問題ではない。秀雄は、この《ふたりの宣長》をはっきりさせず、《ひとりの「国学者」》として『本居宣長』一巻を書いた。

田中康二の現代語訳の続きにもどろう。

それなのに禍津日《まがつび》の神の心によって、この道理がおおいかくされてしまって、はっきりとあらわされていない。

「天照大御神」が太陽であって、日本が太陽の生まれた国であるから諸外国は日本に服従すべきだというのを「禍津日の神」がおおいかくしてしまっている。「禍津日の神」というのは、宣長によれば悪いこと（「禍」＝わざわい）がこの世に起こるのは、『古事記』に出てくるこの神のせいであると、「直毘霊《なおびのみたま》」（一七七一年）に記してある。この書は、『古事記伝』を構成する一編である。決定稿となるまでは段階を踏む作品であるものの、《神道の神髄》を要約した教書である。これは《信仰の教書》であって、明らかに「国学」からは外れるものである。『古事記』本文の〈読解〉に関わることではなく、宣長が独自に『古事記』から引き出してきた、「宗教的教書」である。

　こういった現象は、初期の『排蘆小船《あしわけおぶね》』、『紫文要領《しぶんようりょう》』、『石上《いそのかみの》私淑言《ささめごと》』にはみられない。一七六三年十二月、賀茂真淵に師事したのち、本格的に『古事記伝』に取りかかり始めて以降である。「直毘霊」という宣長個人の作品を取り巻きの門人たちに講釈する時点（一七七四年）では決定的に、宣長は《異常な世界》に入ってしまっている。それまでは宣長は『源氏物語』を始めとする既成の古典作品を講釈していた。それなのに、宣長は自作の論文の講釈をし始める。確かに秀雄が書いているように、宣長は若い時から「神道」に関心があった。が、ここまで極端ではなかったのである。

　田中氏の『漢字三音考』の現代語訳の引用を途中で止めさせてもらったままであったが、つづけよう。

（日本は）あらゆる物事が皆すぐれて美しいなかに、とりわけ人の音声と言語の正しく美しいことは、またはるかに万国にまさって、その音は晴朗と清く鮮やかであって、たとえて言えば、まことによく晴れた天を日中に仰ぎ見るようで、少しの曇りもなく、また単直であって曲がることなく、ほんとうに天地の間の純粋で正雅の音である。

ここでは直接的には中国語をけなしているが、諸言語には、それぞれのうつくしさがあるというのが現代の常識であろう。「英語、カッコいい！」という人もいるだろう。こまった日本主義である。他国の言語は醜悪だというのである。ここでは「国学者」としての宣長が「宗教学者」の宣長に邪魔されている。

宣長の身になってみれば、当時まで大きく影響を受けてきた中国の文化を洗い直して、純粋な日本文化を再発見しようということであった。ただし、宣長を「スケールの小さな人」という評もある。《宗教》としてみれば、宣長の専念した日本の「神道」は、世界的に影響力を持ち、国境を越えてひろがった、キリスト教、仏教、イスラム教などの大宗教とは比較にならず、大日本帝国主義で、帝国主義戦争に役立ったぐらいである。もちろん「神道」は現代日本でも信仰されている。

4　不可知論？「わたしは誰？　ここは、どこ？」

いきなり引用から始めよう。宣長の「くず花上つ巻」（一七八〇年）である。

――まず、この天と大地のありかたを、よくよく考えてみよ。この大地は空からつるしたのであろうか、なにか物の上にくっついているのであろうか。いずれにしても、非常に「不可思議」なものである。もし、物の上にくっついているとすれば、さらにその物の下は、さらにまた何物でささえているとするのであろうか。この理屈はまったく通らない。それゆえに中国でもさまざまの説があるけれども、結局はみな不可思議であるが、その中に、地球は球体であって、天の中につつまれて、空にかかっているという「渾天《こんてん》の説」が、なんとも真実らしく聞こえるが、

拙訳でここまでやってみたが、とても江戸時代の知性とは思われない科学性である。つづけよう。

ふつうの理屈で考えれば、どんなに天の気体が充満しているからといって、この国土や大海が空中に浮かんで、動かない理由はないので——

と延々と思考は展開する、「おそるべき国学者」の頭脳である。

——このように非常に不可思議な天地の間に生きていながら、そのあやしいのをあやしまないで、（略）さらにまた人間のこの身の上を考えてみよ。目でモノを見て、耳で音を聞き口でものを言い、足で歩き、手でさまざまなことをするようなことも、すべてあやしく不可思議で、あるいは鳥や虫の空を飛び、草木の花が咲き、みのるなども、すべてあやしく不可思議である。さらにまた意識というものがない（「卵」などか?）と思われるものが、意識（「脳」のほうが適切な訳か?）があると思われる鳥や虫などに化したり、狐や狸の仮に人間の形に化けるようなことなど、あやしい中でももっともあやしいことである。そうするとこの天地も万物も、言ってしまえば、ことごとくあやしく不可思議でないということは存在せず、

このような宣長の言動は、いわゆる《不可知論》からは、はみ出してしまう。「人間とその世界自体」までが、「不可知」になってしまえば、確かに宣長は「理性」をうしなって

はいないとはいえ、まさにそれゆえ《実存論》というべきであろう。「不可知」とは、単純に「わからない」、「知ることができない」という意味であるが、宣長の場合は「私は誰？ここはどこ？」と言うまいとしてたえている。本音を言えば、宣長には「自分を含めた人間とこの世界」全体が不可解なのである。それは、前の引用の裏に充分、読みとれる。《不可知論》ではなく、宣長は《実存論》的なのだ。

そして『古事記』の「神代」の「あやしさ」を宣長は、現実の生活世界や国学の世界まで及ぼして、「あやしさ」一色に染め上げてしまう。これが「直毘霊《なおびのみたま》」となって結実したのである。このような「世界の感受の仕方」、《世界観》の形成には荻生徂徠《おぎゅうそらい》の影響があると日野龍夫は指摘する。

次の引用は『宣長・秋成・蕪村　日野龍夫　著作集　第二巻』（ぺりかん社　二〇〇五年五月）の「宣長における文学と神道」からのもので、宣長は『古事記雑考』の巻二「凡例」で次のように書いていると指摘している。

春秋折々に移りゆく有様を始めとして、空行く月日のさまも、目に見えぬ風のしわざも、雲霧雨雪も、みなあやしく、また鳥の大空を翔《かけ》り、魚の水の底に遊ぶなど、人の物いひ歩《あり》くまで、すべて思ひもてゆけば、この天地の間に一つもあやしからぬ事はなきぞかし。

要するに、四季のめぐるというのも、空をめぐる月と太陽のさまも、目には見えない風の作用も、雲・霧・雨・雪などの気象も、みなあやしく不可思議で、また鳥が大空を飛翔し、魚が水底を泳ぎ、人間が話をしてまわることまで含めて、すべて考えてみると、この天地の間の世界にはひとつもあやしくないことはないことである、というのである。日野は徂徠の『徂徠先生答問書』巻上（一七二七年）の文章を、これに対して例示する。

風雲雷雨に限らず、天地の妙用は、人智の及ばざる所に候《そうろう》。草木の花咲き実り、水の流れ山の峙《そばだ》ち候より、鳥の飛び獣の走り、人の立居、物をいふまでも、いかなるからくりといふ事を知らず候。

こちらも、ほとんど同じ主旨の文章である。風雲や雷雨に限らず、天地の不思議な作用は、人間の知性では解らないものである。草木の花が咲き、実をつけ、（また）水が流れるということも、山がそびえ立つという現象を始め、鳥が飛んだり、動物が走ったり、人間が立ったり座ったり、言葉を話すということまでも、どういうからくりであるかということはわからない、ということである。

もちろん徂徠のほうが先行していて、徂徠は海を越えて中国までその名をとどろかせた、中国人もびっくりの「漢学者」であり、「古文辞学派《こぶんじ》」を形成した。宣長が青年時代から大きな影響を受けた学者である。

日野は「万事の背後に神秘を見る感受性は、そのまま、万事の背後に神意を見る神道説へと移行していったのである」（傍点　日野）と宣長の変化を的確に捉えている。つまり、宣長が〈神秘に対する鋭い感受性〉を持っていたために、それがさらに鋭敏に拡大して『古事記』の「神代の神話の世界」に地滑《じすべ》りをおこして、上田秋成などの常識人が理解できない〈神意のあやしい、不可思議な世界〉に落ち込んでいったということである。

5　宣長は「スケールの小さい人」？

前に述べたように、宣長は「宗教的に見れば」、決して、ユニバーサルではなかった。
しかし、日野は前掲の著作集の「国学成立の基礎と展開」の冒頭で次のように述べている。

　国学の歴史の上で何が画期的であるといって、若い本居宣長が「物のあわ《ママ》れを知る」の説を唱えて、『源氏物語』『古今集』などの古典をそれまでの勧善懲悪論的文学観から解放したことほど画期的な事件は、やはりない。歌や物語は、作者の物のあわれを知る心——感ずべきことに感ずる素直でやさしい心——から生まれるものであって、その役割は読者をしておのずから物のあわれを知らしめるところにあり、政治や道徳のように物事の是非善悪をきびしく正す役割は負わされていない、と主張するその説によって、道学的解釈の中に数百年間埋没していた古典は、ようやく〝文学〟としての取扱いを受けることになった。

若き宣長は《社会道徳の教科書》としか見られていなかった平安時代の古典を《文学》にしたのである。それまでは、儒教的に『源氏物語』を解釈したり、仏教的に解釈したりする《読み》がまかりとおっていて、一般読者も〈儒教や仏教〉の教えはこの上もなく尊く貴重なのだから、その教えのとおりに読むのが正しいのだ、と思って〈感動〉して読んでいた。

さて、ここで思い出されるのは、秀雄の『本居宣長』の「一」で、折口信夫《おりくちしのぶ》が残した「小林さん、本居さんはね、やはり源氏ですよ、では、さよなら」という言葉である。『源氏物語』は同時代的に見ても世界に類を見ない最高傑作であるし、現代の日本人は、みんな、「英語だ、英語だ」とさわいでいるが、『古今和歌集』のような《うつくしい四季の季節の美》を表現した詩集は、アメリカは言うまでもなく（アメリカ自体、「発見」されていなかったし）、ヨーロッパにもなかった。『古今和歌集』は十世紀初頭であるし、シェイクスピアは十六世紀から十七世紀なので、そこでようやく『ロミオとジュリエット』なのである。日本の江戸時代に近い。

《文学》は「道徳の教科書」ではないから、〈悪の美〉も誇示する。ドストエフスキーの『悪霊』など代表的であろうし、『白痴』だってそうだ。もちろん、永井荷風だって、そうだ。ともかくも、若き宣長は「画期的に新しい仕事」をしたのである。日野によれば、宣長は「不倫の恋の善悪」に関知せず、その中に現れる物のあわれのみに関知すると述べたのは、和歌や物語を社会秩序とは無関係な純粋に私的な営みと捉えたことだという。かと言って、近代の私小説のように極端にせまい世界でもない。

筆者は秀雄が、宣長の最初期の傑作『排蘆小船《あしわけおぶね》』をばらばらに引用するのみで、まとまった文学評論としてあつかわなかったのが、非常に不満なのであるが、作品の性格上、致し方ないであろう。辛うじて「沸騰《ふっとう》する文体」との批評はしている。そこで和歌の本質は、政治に役立てるためでもなく、道徳的に身を修めるためでもない。ただ心に思うことを述べるだけである。その中にはたまたま政治の助けになるものもあるだろう、自分へのいましめになるものもあるだろう、また国の害となるものもあるだろう。自分に不幸をもたらすものもあるだろう。すべて、その人の心から出てくる歌によるであろう。などと和歌を位置づけて、「古今伝授」に叛逆の狼煙《のろし》を上げている。文学に関する無意味な古い習慣を、全部、破壊する若者の情熱があふれかえっている。ただ、これは宣長の生前は未発表であった。しかし、門下生には日頃から、わかりやすく、その事実を伝えつづけたであろう。「伝授」は、「古今伝授」に代表されるが、ともかく〈お偉い「師匠」の尊くて、わけのわからない、秘密の教え〉であり、古典の純粋な読みの障害になるもので若き宣長はそれに叛逆し、破壊したのである。障害となる既成の学問知識の破壊である。

直《じか》に対象に接する道を阻《はば》んでいるのは、何を措《お》いても、古典に関する後世の註《ちゅう》であり、解釈である。

と、秀雄も言っており、「註によって、その歌も、とんでもない意味に読めてしまうものである」という意味のことを言っている。

ともかく宣長は若い時に、すでにして大革命をもたらした天才国学者であった。「国学者」として見た場合、もう一人の宣長、「神道の教祖」は、「国学の仕事」に〈ゆがみ〉をもたらした。その点を割り引いても、後半生の『古事記伝』も偉大な仕事であり、現代の学者さんも必ず参照しなければならない、他の追随を許さない成果であることはいうまでもない。

6　秀雄の理想の〈宣長像〉は「流線形」

筆者には、秀雄の『本居宣長』の〈学者宣長像〉は全体としては「流線形」に見える。秀雄は言う。

常に環境に随順した宣長の生涯には、何の波瀾《はらん》も見られない。奇行は勿論《もちろん》、逸話《いつわ》の類《たぐ》いさえ求め難いと言っていい。松坂市の鈴屋《すずのや》遺跡を訪れたものは、この大学者の事業が生まれた四畳半の書斎の、あまりの簡素に驚くであろう。

また、秀雄は、こうも言っている。

「物まなびの力」は、彼のうちに、どんな圭角《けいかく》も作らなかった。

彼の思想は、戦闘的な性質の全くない、本質的に平和なものだったと言ってよい。彼は、自分の思想を、人に強《し》いようとした事もなければ、退《ひ》いてこれを固守する、というような態度を取った事もないのだが、これは、彼の思想が、或る教説として、彼のうちに打ち建てられたものではなかった事による。そう見えるのは外観であろう。彼の思想の育ち方を見る、忍耐を欠いた観察者を惑わす外観ではなかろうか。

ひとつめの引用文中の「圭角《けいかく》」とは、「事を荒立てるような性質、側面」ということである。要約すれば、宣長の学者としての人生は、つつましく、平凡であって特に興味を引くようなことはなにもないという、少し物足りない感じのものであった。「秀雄のまろやかな宣長像」であろう。ただし、ふたつめの引用の「彼の思想は、戦闘的な性質の全くない、本質的に平和なものだったと言ってよい。」というのは、事実と大きく違うだろう。

田中康二は、前掲書で「宣長は論争を好んだ。持論と異なる説に対して容赦《ようしゃ》なく反論し、結論が同じでも論理的手続きに疑義がある場合には、これを批判し、批正した」と述べ、宣長の友人にあてた書簡を挙げて訳出している。

――総じて争いであるということで議論をしないのは、道を思うことがいいかげんであるからである。たとえ争いであっても、道を明らかにすることこそ学者の本望でしょう。また、良し悪しを互いに言い合ううちに、自分も相手もよい考えがふと思い浮かぶものですから、議論は益が多いものです。

現代語訳は少し手を加えたが、田中は、宣長が論争をしていると、自分でも今まで考えたことのない、新しい発想が浮かぶものだという点に、「論争のメリット」を見ている。そもそも、考えてみれば、『排蘆小船』にしてからが、既成の文学的権威への叛逆的論争文である。

上田秋成との論争を始め、「直毘霊」のような中国文化の「排外」の攻撃性と「神道の教祖」としての主張は激越な戦闘であった。雑誌「新潮」の連載時の初出では、秀雄は、こうも言っている。「傍観的な或《あるい》は一般観念に頼る研究者達の眼に先ず映ずるものは彼の思想構造の不備や混乱であって、これは、彼の在世当時も今日も変わりはないようだ」(連載第二回)と。しかし、日野によって、この問題は「万事の背後に神秘を見る感受性は、そのまま、万事の背後に神意を見る神道説へと移行していったのである」というふうに解決された。ここを起点にすれば、「宣長の思想構造の不備や混乱」は氷解する。至極、明解である。混乱は、宣長が《宗教的ドグマ》にとらえられたからである。

まだ秀雄はここまでは至っておらず、秀雄の標的は、もっぱら村岡典嗣《すけつぐ》である。「十九世紀に、ドイツに興《おこ》った、古文献の研究による古文化の理解について、体系的にも方法的にも整備した近代文献学の概念を、先ず念頭に置いて、逆に宣長の学問を照明し、その方法をはっきり浮かび上がらせてみようとする。そういう説明法は、存外有効なものではない。西洋の近代文献学の方法の先駆的な性質を、宣長の学問に見付けたばかりに、宣長の学問の不備や混乱も目立って来るという事になるからだ」（連載第六回）としている。敵は、村岡に代表されるドイツ文献学の方法であったのだ。秀雄はそれとは違ったアプローチで宣長に迫ろうとした。つまり、西洋近代の「文献学」の直輸入と、それを宣長の学問にあてはめて応用的に宣長研究をしたのが悪い、と判断した。前の引用につづけて秀雄は言う。

私には、宣長から或《あ》る思想の型を受取るよりも、むしろ、彼の仕事を、そのまま深い意味合での自己表現、言わば、「さかしら事」は言うまいと自分に誓った人の、告白と受取る方が面白い。

〈「自己表現」としての「告白」〉とは、近代文学のルソーの方法であり、秀雄の専門である。また、『本居宣長』出版直後の、有名な江藤淳との対談でも、秀雄は「方法はたった一つしかなかった。出来るだけ、この人間の内部に入りこみ、入りこんだら外に出ない事なんだ。」ということからもわかるように、宣長の学問に対して、〈外〉から〈客観的な視線〉を浴びせることを秀雄自身がみずからに禁じることによって出来上がったのが、この大作『本居宣長』だったわけである。

それは、なんの「圭角」もない、〈流線形の宣長像〉であった。しかし、率直なところ、雑誌連載の十二回目では、次のような認識を語っていた。

「源氏」と「古事記」という試金石に刻された条痕《じょうこん》は、同じ人間の色合を帯びているのだし、「物のあはれ」を論ずる筋の通った理論家と「神ながらの道」を説く不合理な独断家とが、宣長のうちに対立していたわけではない。

「条痕」とは、金や銀を（この場合は「源氏」と「古事記」を）本物かどうかこすって試したスジアト（試金石の条痕）は、まぎれもない「宣長」という人間の同じ色合いを示しているのだし、……と秀雄はしながら、「筋の通った理論家」と「不合理な独断家」の共存に、初めのうちは引き裂かれていたのである。それが、いつの間にか〈流線形の宣長像〉に仕上がった。

Part II

1　〈楽〉、楽しみ。あるいは〈病みつき〉

宣長は十一歳で父を亡くしている。十六歳で知り得た和漢の書籍目録を列記し、分類を始める。これは二十一歳までに、約四千点の書籍目録となる。十八歳から和歌を志す。二十歳で和歌を本格的に学び始める。そして漢籍の素読《そどく》を始める。二十一歳で『源氏物語覚書』を著す。二十三歳で医学修行のために京都に上る。京都遊学は二十八歳の十月までで、故郷の松坂に帰って小児科医を開業する。

宣長は少年の頃から、書籍マニアである。現代の子どもが、ゲームやスマートフォンに夢中になるのと、基本、変わりはない。対象がことなるだけである。特に「和歌の創作」には夢中で、寝食を忘れて打ち込んだ。この〈楽しみ〉が学問の原動力となった。このことは秀雄がことこまかに書いている。〈病みつき〉である。

2　やすらかに見る

『源氏物語』を論じた画期的な『紫文要領』では、

やすらかに見るべき所を、さまざまに義理をつけて、むつかしく事々しく註《ちゅう》せる故《ゆえ》に、さとりなき人は、げにもと思ふべけれど、返《かえり》て、それはおろかなる註也

と宣長が言っているということを秀雄は指摘している。「やすらかに見る」はずのところを、さまざまに意義や理屈をつけて、むずかしくおおげさに注釈するために、素朴な読者は、「なあるほど」と思うであろうが、かえって、それは馬鹿げた注釈である。あらゆる先入観を排除して、心を澄《す》まして、「やすらかに」本文を見るのがよいということであろう。ただし、と、秀雄は注釈をつける。

「やすらかに見る」という言葉を、曖昧《あいまい》と見て、帰納法とか或《あるい》は実証的な観察とか言

い直してみたところで、「さとりなき人は、げにもと思ふべけれど、返て、それはおろかなる註」ともなりかねない。

一応は、もっともなように聞こえるが、秀雄も、ここまで学者さんたちに難癖をつける必要はないと思われる。学者さんの全部を敵にまわすような「やすらかならぬ発言」のように思われる。これは、私の突っ込みすぎであろう。しかし、一方で秀雄は多くの学者さんたちの文献を参照している。

3 《点在する妖気》、秀雄の《読み》の深度。大学受験

秀雄の文章は、普通の論文のように、「序論・本論・結論」といったような〈構成〉がない。文章の流れも、素直にはなっていないことが多い。それが、大学受験にあまり出題されることがなくなった理由であろう。「小林秀雄の文章の書き方は、模範的なレポートの書き方には不適切である」から、参考にならないという判断であろう。

今、私が読み解こうとしているところも、宣長の言葉とか、契沖からの引用は、〈無視〉したほうが、わかりやすい。ダジャレにすれば、「無私の精神」ならぬ「無視の精神」といえば、あまりであろうか。秀雄は、宣長と心底、共振して、「読みの深み」に至る。ランダムに引用してみよう。

――古歌との、他人他物を混《まじ》えぬ、直《じ》かな交わりという、我が身の全的な経験が言いたいのだし、

――とは、この経験の深化は、相手との共感に至る事が言いたいのである。秀雄は、なににも邪魔されず、……特に余計な「註」に邪魔されず……相手（古歌）と直接に交わり、感動を受けるという自分自身のすべてをかけた読書経験を言いたいのだし、この読書経験の深化は古歌との共感に至ることが言いたいのである。

これでも不十分であろう。つづける。

――「意味のノフカキ処《ところ》」を知るには、彼と親しく交わる他に道はない。意味の深いところを知るには、人間の交際のように、作品と親交を結ぶしかない。これなら誰にでもわかる。こんな《点在する妖気》にふれることが、秀雄の文学を読む楽しみである。そして、意外にも秀雄は親切である。今の引用につづく文はこれである。

これが、宣長が契沖から得た学問の極意《ごくい》――とくれば、あとは多少難解になっても、秀雄の文章を追っていけばよい。

宣長は、契沖から歌学に関する蒙《もう》を開かれたのではない、凡《およ》そ学問とは何か、学者として生きる道とは何か、という問いが歌学になった契沖という人に、出会ったというところが根本なのである。

宣長は、単に「和歌の学び方」を契沖から学んだのではない。「学問とは何か、学者の生き方とはどうあるべきか」という人生の教訓を身に染みて学んだのである。

4　英雄列伝。強烈な独立《独《どく》＝ボッチ》の下剋上《げこくじょう》、でもくらしい

秀雄の「英雄列伝」は、敗戦直後の『モオツァルト』が最初の見事な傑作である。『本居宣長』の前のほうの英雄列伝も、火を噴く連峰のような迫力がある。実をいうと、秀雄は戦国の物語や歴史が好きで、『源氏物語』より、『平家物語』のほうを秀雄は好んだに違いない。疾風怒濤《しっぷうどとう》の世界を描く秀雄は生き生きしている。

契沖の時代には「地盤は、まだ戦国の余震で震えていたのである」。「実力が虚名を制する」。名ばかりで、実力のない者は、身分が下の真の実力者にその地位をひっくりかえされる。これを「健全」と秀雄は言う。「要するに馬鹿に武力が持てたわけでもなく、武力を持った馬鹿が、誰に克《か》てた筈《はず》もなかったという、極めて簡単な事態に、誰も処していた。武士も町人も農民も、身分も家柄も頼めぬ裸一貫の生活力、生活の智慧《ちえ》から、めいめい出直さなければならなくなっていた」と戦国を捉える。そして、百姓から「天下人」に成り上がった秀吉にその象徴を見る。《実力で天下を取った》、下剋上のシンボルをその時代の日本人は秀吉に見た。

江戸時代になり、今度は《学問の下剋上》である。誰が「天下を取る」か、あちらこちらから《狼煙《のろし》》が上がる。みな、〈孤独〉であるが、強烈な《独《どく》＝ボッチ》たちの出現である。

中江《なかえ》藤樹《とうじゅ》は『大学解』で「天子、諸侯、卿大夫《ケイタイフ》、士、庶人《ショジン》、五等ノ位尊卑大小差別アリトイヘドモ、其《ソノ》身ニ於《オイ》テハ、毫髪《ゴウハツ》モ差別ナシ。此《コ》ノ身同《オナジ》キトキハ、学術モ亦《マタ》異ナル事ナシ。位ハ譬《タト》ヘバ大海江河溝洫《コウキョク》ノ如《ゴト》シ。身ハタトヘバ水ノ如シ」と言っていると、秀雄は引用している。要するに、日本でいえば、天皇、総理大臣を始め、社長、係長、農民など平凡な市民まで、尊い、いやしいという身分の差別はあるけれども、「ただ一個の人間」としては毫髪《ごうはつ》（細い毛、一本）の違いもない。例えば、VIPというものもない。VIPというのも、たまたまその地位にあるだけで、もとをただせば、「一人の人間」にしか過ぎない。

藤樹が「水」に人間をたとえているあたりは、ほぼこの意味であろう。学術の分野でも、また同じである。ほとんどこの言葉は、明治時代の福沢諭吉の「天は人の上に人を造らず。人の下に人を造らず。」を思い出させる。「位、身分」というものは、「大きな海、大きな河、小さいみぞ」のようなものであり、「個人」というのは、そのなかの「水」のようなものだ。後半の「水」の比喩はわかりにくいが、間もなく、平和な江戸時代がおとずれて、個人の実力と才覚による《学問の天下取り》の時代が幕を上げた。

5 『源氏物語』、ソムリエと柄谷行人『近代文学の終り』

秀雄は「もの丶あはれ」を紀貫之の『土佐日記』までさかのぼる。また、「日本、中国、過去、現在、未来にも、比べることのできる作品は有るまいと思う」という『源氏物語』に対する宣長の評価を、「異常な評価である。冷静な研究者の言とは受け取れまい」としているが、規模といい、質の高さといい、『源氏物語』は世界的である、世界遺産である。

宣長の指摘した『源氏物語』の本質である「もの丶あはれ」とは、日野龍夫が実証したことによって「もの丶あはれ」が、当時、俗世間一般に使われていた普通の言葉であることがわかって、今日では、その事実が常識となってしまっている。簡単にいってしまうと、「もの丶あはれを知る」とは、ごく大ざっぱに言ってしまえば、「感動を知る」にちかい。『源氏物語』のあたえる「固有の感動の質と深さ」を「もの丶あはれ」といったまでである。

「感動」を受けるといっても、バーンスタインの指揮でオーケストラを聴いて、腰が抜けるほど「感動」して救急車をコンサート・ホールに呼ぶような「感動」もあれば、ピアニッシモの弦のやさしい旋律美にうっとりと沈潜するほとんど睡眠にちかい「感動」もある。

後者は、男女の深くやさしい繊細なこころづかいの「もの丶あはれ」に相当するだろう。

人は「勧善懲悪」の〈お話〉でも、けっこう「感動」するものである。悪者が正義の味方にやっつけられる。わかりきった「メロドラマ」でも「感動」する。「社会正義」が勝つことに「感動」する。これらは見てきたように、宣長の〈否定〉するところである。《エンタメ》だからであり、《芸術》は善悪や社会正義を〈超越〉する。『源氏物語』は宣長以前の儒教的「勧善懲悪」や仏教的解釈をぬぐい去り、「もの丶あはれ」を本質として見出したのである。もちろん、正確に言えば「もの丶あはれを知る」である。

酒好きな人がいるが、〈ソムリエ〉になれない人がいる。アルコールには、めっぽう強いのだが、「味」には鈍感な人である。とにかくアルコールなら、いらっしゃいというタイプである。高等教育を受けて「文字は読める」が、〈文学〉がわからない人も少なくない。「音符、スコア」は読めるが、〈音楽〉がわからない人がいる。「読める」にも程度の差がある。「音符、スコア」も読めて、〈音楽の「美」〉がわかる、その頂点に立つ人々が、オーケストラを指揮するフルトヴェングラーやトスカニーニ、ワルターなどの大指揮者たちだ。オーケストラの楽員たちは、「自分の解釈＝スコアの読み」を捨てて、より優れた指揮者＝〈ソムリエ〉に従う。そうすると《芸術的な感動》に襲われる。はかり知れないスケールの《美のオーラ》が出現する。

宣長の「もの丶あはれを知る」とは、『源氏物語』固有の《芸術的感動》を味わい知る、ということだ。《美のオーラ》を感受することである。「性欲を充たして子どもをつくるこのソムリエ」であること」と、「《恋愛のソムリエ》であること」も、別のことだ。恋愛感情に鈍感な人もいるし、「恋愛人によって千差万別であろう。

光源氏は、「もの丶あはれ」＝《恋愛のソムリエ》である。この恋愛の達人は「連続する《不倫》」をする、〈女たらし〉である。天皇である父の妻に子どもを産ませるところから始まる物語であり、それを宣長は「もの丶あはれを知る」文学だとする。江戸時代どころか、現代でさえ、革命的評価である。

柄谷行人の『近代文学の終り』（インスクリプト　二〇〇五年）は、文学だけでなく、音楽、絵画、演劇、映画などのあらゆる《芸術》が〈芸術的本質〉を失って、消滅し、存在するのは《エンタメ》だけになってしまったということを述べている。今日、「芸術」あつかいされるのは、その実、《芸術》などではなく、《芸術》はあらゆる文化のジャンルにおいて前世紀でおわったのである。真正の《芸術》は、《美のエネルギー》の問題である。ただ、鑑賞する側も真正の《芸術》を《エンタメ》的に見るようになってしまった。ゴッホの絵画などは、その「補色の理論」のせいで中国の粗悪な複製でも充分に楽しめる。《エンタメ》化した《芸術》をよく「アート」と呼び、それを作る人を「アーティスト」と呼びならわしている。《エンタメ》化は、言い過ぎかもしれないが変質したことは確かだ。巨匠と呼ばれる指揮者は前世紀に生命をすべて終ったといってよい。後続はいない。また、一般に、《芸術》は常識的な善悪や社会正義を超越する。それにうったえるというのであれば、政治や社会運動の直接行動をするのが本道であろう。

さて余談はこれくらいにして、秀雄は、宣長が日本の文化を見つめ直すことによって、日本固有の「物語」というジャンルがあることを発見したと言っている。また、これは近代小説のようにリアリズムではなく、主人公の光源氏は、お話の中だけでしか生きることができず、「現実的存在」ではないので、谷崎潤一郎を始めとして、「光源氏に不平不満」をぶっつけた人々がいたところで仕方のないことだという、重要な認識を示している。そもそも光源氏は、どんな現実的対象でもないのである。

6　いわゆる宇治十帖、浮舟

正宗白鳥が英訳で読んで『源氏物語』が初めてわかったと言っているのは有名であるが、特に「宇治十帖」に感動して西洋の近代小説と同じ感じを受けたという。光源氏の亡くなったあとの物語で、浮舟をめぐって薫《かおる》と匂宮《におうみや》が軸になって盛り上がっていく。アーサー・ウェリーの英訳は、秀雄が若かりし頃、夢中になったフランスの「NRF」誌の文学者たちをも驚嘆させたことでも知られている。

浮舟は、「性愛の頂点」にまで匂宮に翻弄され、のぼりつめさせられ、《性愛の極点》を体験させられた女性である。匂宮の性愛は「激情の発作」である。匂宮は光源氏の孫であり、この上なく高貴な〈女たらし〉でありながら、女性に対する思いやりに欠ける。薫は、朱雀院《すざくいん》の第三皇女で光源氏に降嫁《こうか》した女三宮が不義を犯して生まれた子である。光源氏の子どもとして扱われる。うつくしいが身分の低い浮舟は、匂宮と薫の板挟みになる。正宗白鳥の感じたように、「宇治十帖」は光源氏の世界よりも、さらに下層の人々まで物語の世界がひろがる印象である。『更級日記《さらしな》』の菅原孝標女《たかすえのむすめ》は、浮舟の境涯にも憧れるほどだった。

宣長によれば、「夢浮橋《ゆめのうきはし》」という巻名は、「此《この》物語のすべてにわたるべき名也」という。そして秀雄は言う、「宣長がここで言う夢とは、夢にして夢にあらざる、作者のよく意識された構想のめでたさであって、読者の勝手な夢ではない」と。

此の物語の一見異様に見える結末こそ、作者の夢の必然の帰結に外ならず、夢がここまで純化されれば、もうその先はない。夢は果てたのである。

これは、秀雄の『源氏物語』の構想の必然性、結末までの完璧性の賞讃であり、紫式部に対するオマージュである。

そして、いかにも、秀雄らしい、「痛い」ことを言う。

研究者達は、作品感受の門を、素速《すばや》く潜《くぐ》って了《しま》えば、作品理解の為の、歴史学的社会学的心理学的等々の、しこたま抱え込んだ補助概念の整理という別の出口から出て行って了う。それを思ってみると、言ってみれば、詞花を翫《もてあ》ぶ感性の門から入り、知性の限りを尽《つく》して、又同じ門から出て来る宣長の姿が、おのずから浮び上がって来る。

なんと、痛い、言葉ではなかろうか。宣長は作品を〈愛読〉し、その言葉を愛玩《あいがん》し、表現を味わい、感受性の感度を最大に開き、感性でぞんぶんに喜びを感じるところから作品に入り、現代の文学研究者のように「歴史学的、社会学的、心理学的」などの隣接文化科学の諸学問の力を借りることなく、自分の知性の限りをつくして、徹底的に思考し、また「愛読の喜びの門」から作品を出て行く、というのである。宣長にしてみれば、当時の学問である、儒学や仏教の経典にまみれた『源氏物語』の〈純粋に日本的な姿態〉を自身の知性のみによって現前させたということであろう。秀雄は、隣接諸学問の概念の数々を背負って、論文を作成し、作品を通過していくだけの研究者と宣長は違うというのである。辛口である。が、これは『源註拾遺《げんちゅうしゅうい》』（契沖の著した『源氏物語』の注釈書。一六九六年）の残した「定家卿云、可翫詞花言葉。かくのごとくなるべし」という結論とでもいうべきことを受けただけだという。訳してみよう。

　藤原定家は言った、詞花《しか》言葉を翫《もてあそ》ぶべし。（歌や文章の見事さを楽しむべきである。）このようにあるべきであろう。

作品の言葉、表現の美しさ、見事さをとことん楽しむ以外に道はない。徹底して楽しんだあげく、見えるならば見えてくるものがある、ということである。そこに道はひらける。《楽》である。書物を読む《愉悦》である。

7 「ノンフィクション」と呼ばれるフィクション

『古事記』であろうが、『日本書紀』であろうが、天皇政権にとって「不都合なこと」は、現代の政治と同じように《隠蔽》したであろうということは、江戸時代から言われていた。壬申《じんしん》の乱で天智天皇の長子の大友皇子（弘文天皇）と天智天皇の弟の大海人皇子（天武天皇）が皇位継承をめぐって争ったことなどは、現代の史家も『日本書紀』をそのまま信じて研究するなどということはあるまい。歴史、「ノンフィクション」と呼ばれるフィクションであるからだ。もしかすると諸部族長の中の大部族長（天皇）が、自己の権威化をするために好都合だから、『古事記』や『日本書紀』の始めのほうに《日本神話》を加えたのかもしれない。天武天皇だったら、やりかねない。《「天皇」という中国風の称号》を大部族長が名乗ったのは彼以後であるし、わが国を《「日本」という国号》にしたのも、天武天皇が初めてだからである。現在の象徴天皇制の時代とは違う。

まあ、ともかく、『源氏物語』の玉鬘《たまかづら》の話に入ろう。『源氏物語』は、フィクションである。「そらごと」である。ただ、紫式部が創作する時に、過去の事件や人物をもとにして書いたと思われるところがある。そのようなものを「准拠《じゅんきょ》」といって、さかんに詮索された。そうして出来上がったのを「准拠説」という。
ところが、宣長は、それにさえこだわらなかった。紫式部にとっては創作の材料に過ぎない。

おおよそ准拠ということは、ただ作者の心の中にあることであって、あとになってから、その准拠の数々を全部、当てはめても仕方のないことであるけれども、古来、なにかと話題になることであるので、ざっと言うのである。『源氏物語』を読む上では、さして重要なことではない。

秀雄の引用した『紫文要領』の拙訳である。と、まあ、これで『源氏物語』と歴史的事実のことはわかるであろう。宣長は古来、重要視されてきた「准拠説」を軽んじた。素直に『源氏物語』を読んで楽しめばよいではないか、というのである。モデルになった過去の事実（＝准拠）のマニアになることと、『源氏物語』の本文の細部まで愛玩するということは別のことである。「准拠」にとらわれ過ぎるということが、誤読を招きかねない。
「蛍の巻」の光源氏と玉鬘の《物語論》で、秀雄は感慨深げに言う。

言うまでもなく、宣長は、「蛍の巻」の物語論に着目した、最初の「源氏」研究者であったが、彼が現れるまで、「蛍の巻」を避けて、八百年の歳月が流れた、とは今日から思えば不思議な事である。

玉鬘は、光源氏の青年時代からのライバル、頭中将《とうのちゅうじょう》と夕顔の娘である。それをひそかに光源氏は養っている。ある時、物語に夢中になっている玉鬘をからかって怒らせてしまう。そこは、女性をあつかい慣れた光源氏らしく、笑ってその場を和らげる。

物語こそ神代より、この世にあることを、書き置いたものである。『日本書紀』など、書いてあるのは、ほんの一部分にしか過ぎない。これらの「物語」にこそ真理を含んで、詳しいことがあるだろう、と言ってお笑いになる。

これは秀雄の引用した部分を拙訳したものである。秀雄はつづける。

騙《だま》されて、玉鬘が、物語を「まこと」と信ずる、その「まこと」は道学者や生活人の「まこと」と「そらごと」との区別を超えたものだ。それは宣長が、「そら言ながら、そら言にあらず」と言う、「物語」に固有な「まこと」である。

宣長の註によれば、次のようであるという。

「人にかたりたりとて、我にも人にも、何の益もなく、心のうちに、こめたりとて、何のあしき事もあるまじけれども、これはめづらしと思ひ、是《これ》はおそろしと思ひ、かなしと思ひ、おかしと思ひ、うれしと思ふ事は、心にばかり思ふては、やみがたき物にて、必《かならず》人々にかたり、きかせまほしき物也」、「その心のうごくが、すなはち、物の哀《あわれ》をしるといふ物なり、されば此《この》物語、物の哀《あわれ》をしるより外《ほか》なし」。

「きかせまほし」は、「聞かせたい」である。拙訳をするまでもなかろう。よく人が、人の噂などを自分一人の胸のうちにこめておきがたくて、ウズウズして友だちなどに話しに話して盛り上がってしまうのと、よく似ている。

しかし、紫式部がするのは「そらごと」、現実にはないことである。確かに『日本書紀』もおもしろいだろうが、人の心の機微に触れるという点で、恋愛物語ということで、『源氏物語』のほうがおもしろいだろう。《恋愛のソムリエ》である。

ここには、歴史やノンフィクションよりも、「そらごと=フィクション」のほうが、より《人生の真実》を表現するという、ヨーロッパの、あるいはロシアの近代の大小説に通じるものがある。天才的な大文学者によって書かれたフィクションの中にこそ、現実を超える《この世の真実、人生の真実》が表現され、宿る。

戦時中の秀雄は、「文学の堕落」によって、「ルポルタージュ」というものが流行った、と嘆いていたことがあった。

8　文献によって表記は違うが、「物のあはれを知る」論

私は《恋愛のソムリエ》などとも言ったが、「物のあはれ」は、恋愛だけでなく、もっと広く、深々とした人情、感情を指す。

たとえば、「炎」に思わず知らず、「手」を触れる。「熱い！」と感じる、感受する。「熱い！」と《感じた》瞬間、反射的に手を引っ込める。あらためて、ここに熱い「炎」があると《認識（知る）》する。異性に胸の高鳴りをおぼえてぼーっとなる。感情の高まりを感受する、そして恋心だと認識する、「恋だわ」と知る。順番としては、「感受する」ことがあって初めて「認識する」。その逆はありえない。

「感じていないもの」を「認識すること」は、ありえない。「感じていないもの」は、存在しないも同然だからである。何の感情も感じていない相手は、恋人でもないし、友人でさえないだろう。秀雄は「欲」（異性に対する「性欲」の場合もあろう）が、それが「喜び」（真の恋愛感情の場合もあろう）になってゆく場合のプロセスを述べている。

「欲」は、実生活の必要なり目的なりを追って、その為に、己《おの》れを消費するものだが、「情」は、己れを顧み、「感慨」を生み出す。生み出された「感慨」は自主的な意識の世界を形成する傾向があり、感動が遂《つい》に、「欲」の世界から抜け出て自立する喜びに育つのだが、喜びが、喜びに堪《た》えず、その出口を物語という表現に求めるのも亦《また》、自然な事だ。

この引用では、《感動、恋愛感情》を超えて、《物語の創作》の動機にまで発展してしまっている。

女性を妻として選ぶことに関しては、有名な「雨夜の品定《しなさだめ》」の議論が「帚木《ははきぎ》」の巻にある。実直で身のまわりの世話もして、実意があるのだが、むやみに嫉妬深い女や、美人で趣味や才能にもあって色っぽいが、浮気っぽい女。前者は「物のあはれ」を知らないし、後者は「物のあはれ」を知っているように見えるが、困る。若い青年たちは、それぞれの体験談を交えて女性論議をしている。ところが光源氏は議論には積極的ではなく居眠りなどをしている。光源氏は、藤壺という「物のあはれ」を充分に知りながら、何の過不足もない理想の女性のことを想いやっているのである。のちの紫の上もこのタイプである。美人であることは言うまでもなく、性格もまじめで、愛情も深々としていて、趣味も解し、豊かな人間性で、欠点らしいものもない。オーラをもっているような女性である。

まあ、現実には、なかなか存在しない理想化された女性像である。ただ、読者は『源氏物語』を読むことをとおして「物のあはれ」を知り、体験するのである。往々にして「物のあはれ」は身につかないものであるが。紫式部の《恋愛のソムリエ》の手腕には夢見心地にさせられる。

宣長が、「物の哀《あわれ》をしる」という言葉で、念頭に描いていた「物語の本意」とは、現実には「有り難き」理想であったと言ってもいいだろう。ただそれは、現実には、「有り難き」、まさに其処《そこ》に、理想の観念としての力があるという純粋な意味合での理想であって、

と、秀雄も言っている。
重要なのは〈「理想」の観念としての力〉である。読者の日常、現実が強烈に《観念の力》に牽引されることである。その力の凄さが『源氏物語』の《美の力》、普遍的な《美》のエネルギーである。
かと言って、また、こうも秀雄は言う。

――「物の哀をしる」とは、いかに深く知っても、知り過ぎる筈《はず》のない理想と見極めたのだが、現実を見下ろす規範として、これを掲げて人に説くという事になれば、嘘になり、空言となる。これも式部がよく知っていた事だ、と彼は解する。

ただし、次のようには言えるであろう。

――外からの説明によって明瞭化する事は敵《かな》わぬとしても、内から生き生きと表現して自証する事は出来るのであって、これは当人にとって少しも曖昧な事ではなかろう。

秀雄の論理の繊細な動きに導かれてくると、こんな平明な事実に出会う。「恋心や愛情」は、外からはわからない場合があっても、本人の心のなかでは、生き生きと実感できる。それが、「物のあはれを知る」ということだ、と。『源氏物語』を読むことによって、最高の《恋情》に多くの貴族の子女たちは目覚めさせられたであろう。

Part III

1　宣長、真淵の門人となる

宣長が、真淵に名簿《みょうぶ》を送って、正式にその門人となったのは、宝暦十四年正月（宣長三十五歳、真淵六十八歳）であり、真淵はこの年から県居《あがたい》と号したのだが、五年を経て没した。

と、こう秀雄は記している。「名簿」とは、入門の際、証として送る、自分の姓名・年月日などを記入した名札である。「宝暦十四年」は、一七六四年である。初対面は前年五月二十五日であるが、宣長の「日記」を見ても、現実にはどんな話がなされたのか、まったくわからない。しかし、秀雄は「学問というものは広大なものであり、これに比べれば自分はおろか、師の存在も言うに足りないという考えが透けて見える。」と宣長の回想文を受け取り、「それが二人が何の妥協もなく、情誼《じょうぎ》に厚い、立派な人間関係を結び得た所以《ゆえん》なのだ」とする。この秀雄の認識は恐ろしい。宣長の書斎は〈四畳半〉に過ぎないけれども、「学問の世界」は時空を超え、古代中国の歴史空間、奈良・平安の日本の歴史空間にまで拡大し、江戸時代の〈四畳半〉で「地球は球体だ」と思考する。この秀雄の指摘する「学問の世界の広大さ」の前には「師弟の間柄」などというものは小さすぎて取るに足りない。現実に、きわめて難しい質問を宣長から受けた真淵はたじたじであったし、自分の持論に宣長が異論を提出して、真淵を激怒させ、破門寸前になった宣長が詫《わ》び状を送って、首の皮一枚でつながったこともあった。

　実際、宣長の学問は真淵に会う以前に完成していた。『紫文要領』、『石上私淑言《いそのかみのささめごと》』は宝暦十三年には成立していた。真淵が『万葉集』に自分の学問を育てられたように、宣長は『源氏物語』に自分の学問を育てられた。どんな文学作品に深々とかかわり、愛読し、研究するかによって、その人の「学問の性格」、「学問の本質」が変ってくる。今日でも、日本文学史のシンボル的な、真淵の《ますらおぶり》と宣長の《もののあわれ》である。

　二人とも荻生徂徠の強い影響を受けていた。

> 全体的にいって、学問の道は文章にしかない。古人の道は書籍にあります。書籍は文章です。よく文章を会得して、書籍のままに受取って、主観を少しもまじえなければ、古人の道は明らかです。

　秀雄の引用している徂徠の『答問書』下の拙訳である。そして秀雄は言う。

「学問」とは、「物まなび」である。「まなび」は、勿論《もちろん》、「まねび」であ（る）学問の根本は〈模倣〉であると考えるのだ。真淵は『万葉集』という書籍の文章の〈模倣〉を、宣長は『源氏物語』という書籍の文章の〈模倣〉をしてきたのだ。すなわち、《愛読》である。真淵は、『万葉集』という〈愛人〉を愛し抜き、宣長は『源氏物語』という〈愛人〉を愛し抜いて、《ますらおぶり》、《もののあわれ》をいう、それぞれの異なった《美の本質》を感受し、認識したのだ。

ただ、これからのふたりの目標は『古事記』ということで、一致していた。真淵は老年である。「日暮れて道遠し」である。宣長は壮年期で意気盛んである。

宝暦十三年という年は、宣長の仕事の上で一転機を劃《かく》した年だとは、誰もが言うところである。宣長は、「源氏」による「歌まなび」の仕事が完了すると、直ちに「古事記伝」を起草し、「道のまなび」の仕事に没入する。「源氏」をはじめとして、文学の古典に関する、終生続けられた彼の講義は、京都留学を終え、松坂に還《かえ》って、早々始められているのだが、「日記」によれば、「神代紀開講」とあるのは、真淵の許《もと》への入門と殆《ほとん》ど同時である。まるで真淵が、宣長の志を一変させたようにも見える。だが、慎重に準備して、機の熟するのを待っていなかった者に、好機が到来する筈《はず》はなかったであろう。

真淵も宣長も、徂徠の「今日の学問はひくくひらたく、ただ文章を会得するのにきわまる」（『答問書』下、拙訳）の道を行く。そのはずであるが、宣長は「直毘霊《なおびのみたま》」に象徴される大乱調をおこす。

2 《無私》と《無私》の激突

真淵は宣長の正式入門後、五年で亡くなる。

秀雄は、「真淵の前に立ちはだかっているものは、実は死ではなく、「古事記」という壁である事が、宣長の眼にははっきり映じてはいなかったか」と言う。真淵の『万葉集』の道は、そのままでは『古事記』の世界にはつながらない。

「二人は、「源氏」「万葉」の研究で、古人たらんとする自己滅却の努力を重ねている」と秀雄はするが、徂徠の教えを忠実に守った結果の、それぞれの《無私の精神》である。師弟としての立場上、真淵は自己を解き放ったが、弟子の宣長は妥協こそしなかったものの、「考証訓詁《くんこ》」に限定して質問した。しかし、まず真淵には宣長のつくる和歌が気に入らなかった。歌を作って添削を師匠に請うという習慣があったが、宣長の歌は万葉風ではなく、真淵に非難されてもあらためようとしなかった。それどころか、歌集成立の問題について、契沖の説に従って、『万葉集』全二十巻を大伴家持の私撰と主張して、真淵の説に真っ向から反対した。もちろん、『万葉集』は日本で一番古い歌集ではあるが、一一番古い勅撰和歌集」ではないし、かつては『万葉集』も勅撰集と考えられていたこともあったものの、今日では家持の私撰と見なされているようである。だが、真淵の持論は違っていた。だから、激怒した。

秀雄自身も《無私の精神》などといっているが、酒でからんで一人をつかまえて、相手が泣き出すまで、徹底的に、理詰めにたたきのめしたことは、よく知られている。「我の強い人」でないとやらないことである。そもそも《無私の精神》などといったところで、「見る私」まで居なくなったら、意味をなさない。「無私」ということは「私が無い」ととるしかないが、「見る私」までなくなったら、困ったことになるというか、《無私の精神》なんてありえないことになる。結局、「無私」ということは、字義どおりにとってはだめで、「ある特殊な精神状態の強い主体が《私》として存在する」ということであるとしか考えられない。だから、《無私の精神》同士はケンカになる。宣長の「やすらかに見る」のと五十歩百歩であろう。《無私の精神》を鍛えにきたえた、真淵と宣長も激突する。

和歌に関して付言しておくと、もちろん真淵は『万葉集』を最高峰として、あとは時代が下るにつれて、堕落したと考えた。対して宣長は、歌人としては藤原定家に代表される、妖艶で華麗で技巧的な『新古今和歌集』（一二〇五年）を最高の和歌集とした。

3 「やまと魂」は女性の言葉？　「生きた常識」

真淵は「やまと魂」と「やまと心」いう言葉を、万葉歌人たちによって詠まれた、男性的な雄々しく強く、高くまっすぐな心と考えていたが、実は、その時代にそんな風には使われていなかったと秀雄はいう。

――真淵の言う「手弱女《たおやめ》のすがた」となった文学のうちに、どちらも初めて現れて来る言葉なのである。「やまと魂」は、「源氏」に出て来るのが初見、「やまと心」は赤染衛門《あかぞめえもん》の歌（「後拾遺和歌集」）にあるのが初見という事になっていて、当時の日常語だったと見ていいのだが、王朝文学の崩壊とともに、文学史から姿を消す。

秀雄は『今昔物語集』の例もあげながら、考察して次のように言う。

やはり学問を意味する才に対して使われていて、机上の学問に比べられた生活の知慧、死んだ理窟に対する、生きた常識という意味合である。

そして赤染衛門に戻る。「赤染衛門は、大江匡衡《おおえのまさひら》の妻、匡衡は、菅家《かんけ》と並んだ江家《ごうけ》の文章《もんじょう》博士である」。「菅」は菅原道真、あの「学問の神様」とされる道真公である。菅家と並び称された家の妻が赤染衛門で、藤原道長の妻倫子に仕え、歌では和泉式部と並び称されたという。

「大和心」について、秀雄は興味深いエピソードを述べて、その大切さと対比して「人間は、学問などすると、どうして、こうも馬鹿になるものか、と言っているようである」と考察している。「やまと魂」、「大和心」は、その初期の用法では「学問の才」と対比された《生活の知恵》に近かったのである。世間的な如才なさに通じるものがあるだろう。

無論、宣長も真淵のように、「大和魂」という言葉を、己れの腹中のものにして、一層強く勝手に使用した。例えば、「うひ山ぶみ」で、「やまとだましひを堅固《カタ》くすべきこと」を、繰り返し強調しているが、その「やまとだましひ」とは、神代上代の、「もろ〳〵の事跡のうへに備はりた」る、「皇国《みくに》の道」「人の道」を体した心という意味である。

この秀雄が引用した文は、すでにして宣長の《宗教的偏向》が強く、異常である。「国文学者」ではなく、「宗教の教祖」である。ここから秀雄は、自分に都合のよい文章にねじれてゆく。そのねじれてゆく様子をじっくり追われたい。「やまと魂」は上代ではなく、平安の女性の言葉である。

彼は、「やまとだましひ」という言葉の意味を、そこまで育て上げたわけだが、国語学的に正しい意味を、宗教的に「育て上げた＝ねじまげた」のである。続けよう。

この言葉が拾い上げられたのは、真淵のと同じ場所であった筈《はず》だ。

秀雄は本文の数頁前では、真淵の「やまとだましひ」の説明は全然、だめだと言っていた。「玉の小櫛《おぐし》」を見ても、「やまとだましひ」という言葉の註釈はないが、特に、註のない事を、どうこう言う事もない。

権威付けのための無意味な文である。

宣長が生涯を通じて、何回も行った「源氏」通釈の講義録が、私達に遺されているわけではないのである。

もし、講義の記録があったら、かえって、困るであろう。

彼は、「源氏」を、真淵とは比較にならぬほど、熱心に、慎重に読んだ。真淵と違って、

ついさっき、「真淵と同じ場所」と秀雄は言ったばかりである。

真淵と違って、この言葉の姿は、忠実に受取られていたと見てよく、

中略する。結論だけ、引こう。

原意から逸脱して了《しま》うという事はなかったと見て差支えない。

汗顔の至りではなかろうか。こちらまで顔が赤くなる。原意は、「学問の知恵」とは違った「生活の知恵」、「生きた常識」である。

ともかくも秀雄は筆を曲げても、統一された、「流線形の宣長像」に仕上げなければならなかった。

4 「姿」と「意」

「国歌八論斥非《せきひ》再評の評」(一七七九年)は論争好きの宣長が、「姿ハ似セガタク、意ハ似セ易シ」という歌論を展開している。

「国歌八論」は、当時学界に賛否の反響を与えた荷田在満《かだのありまろ》の歌論で、これに反対した大菅公圭の「斥非」、藤原維済の「斥非再評」を、宣長は難じた――

そして、そのことを秀雄は、こう論じた。

歌の「姿」は似せるのが難しく、「意味」は似せやすい。だから古歌そっくりといえるほどまで言葉の「姿」を似せることに比べれば、もとより、古歌の「意味」を似せることは、どうして難しいだろうか。この難しさ、たやすささえも解からない人が、(そもそも)どうして似ているとか、似ていないかとかが判別できようか。

秀雄の引用した宣長の文章を、テキストの脚注を組み入れつつ、拙訳してみたが、《「読み」

に自信のある》宣長は、論敵の《読解力》を信用していない。この事実が、引用の最後の一文に明らかである。《読解力の力くらべ》が学者の世界だからである。そして、宣長は続ける。

ためしに私が詠んだ万葉風の歌を、万葉歌の中に、ひそかにまぎれ込ませて見せてみたなら、この再評者は、決して見分けることができないであろう。私が作者名を明らかにして、これが私の歌で、これが万葉歌であると言って見せたならば、必ず、（そうなって初めて）、私の歌は偽物だというにきまっている。

秀雄は、意味ありげに批評しているが、たとえば、万葉集の歌一首と、その「現代語訳」を考えてみると、「現代語訳」が歌の「意味」、「意」である。訳す人によって違うだろうが、みな似ている。しかし、「姿」、もとの歌の《美しさ》にはどうしても及ばない。同じような「意」の現代語訳はいくつもできる。もとの歌の「姿」は唯一である。

言葉とは、ある意味を伝える符牒（記号）に過ぎないという俗見は、いかにも根強いのである。

というように秀雄は続ける。これは、文学理論に、「コミュニケーション」理論を導入する危うさを警告している。

しかし、よく考えてみよ、例えば、ある歌が麗しいとは、歌の姿が麗しいと感ずる事ではないか。

さらに続ける。

そこでは、麗しいとはっきり感知出来る姿を、言葉が作り上げている。それなら、言葉は実体でないが、単なる符牒とも言えまい。言葉が作り上げる姿とは、肉眼に見える姿ではないが、心にはまざまざと映ずる像には違いない。

「現代語訳」では、この「姿」が消えるのである。

意は似せ易い。意には姿がないからだ。意を知るのに、似る似ぬのわきまえも無用なら、意こそ口真似しやすいものであり、——

そして、この議論は、散文芸術にも及びそうで、そちらのほうに秀雄の議論は着地する。

無論、それは麗しい姿とは限らないだろうが、どんな姿にせよ、人目を捕えて離さぬようなものなら、人生の生ま生ましい味わいを湛《たた》えている筈《はず》であり、その味わいは、比較や分析の適《かな》わぬ、個性とか生命感というものに関する経験であろうから、これについて「かしこく、物をいひまはす」というわけにもいかないのである。こういう経験は、「弁舌」の方には向いていない。反対に、寡黙《かもく》や沈黙の方に、人を誘うものだ。

この秀雄の議論は、むしろ、持論の展開である。「姿」は戦時下にも使用される秀雄の文学概念である。ここでは、たまたま宣長を論じていて、持論を展開する好機を得たというべきであろう。「姿」を、ファッション的な誰もが「美しい」という常識的な、型どおりの「麗しさ」にとどめず、論が広がっているところが、秀雄の秀抜なところである。

5　業平と契沖の凄さ

契沖の『勢語《せいご》臆断《おくだん》』の巻首に『日本三代実録』から「業平体貌閑麗放縦不㆑拘。略無㆓才学㆒善作㆓和歌㆒云々」と引用がある。「業平《なりひら》」は、もちろん、六歌仙で、『伊勢物語』で有名な在原業平である。「体貌」は「身体と顔」のことで、「閑」は「みやびやか」、「麗」は「麗《うるわ》しい」。だから、業平は姿も顔立ちもイケメンでファッショナブル。雅やかで麗しい、優雅さがあったということである。ただ性格は「放縦《ほうしょう》」、「気まま、わがまま」で、「自由奔放」ともいえる。「不㆑拘」は、「(物事に)とらわれない」。「略無㆓才学㆒」は、「ほとんど漢学の才がない」であるから、学問と言えば漢学だった当時、たぶん、勉強はサボったのである。「善作㆓和歌㆒」は「優れた和歌を作った」。

言い忘れたが『勢語臆断』は契沖の『伊勢物語』についての書である。秀雄は次のように続ける。

契沖は、これに、「史伝に善作㆓和歌㆒といへる事、只《ただ》業平一人なり。尤《もつとも》高名也」(……

拙訳すると、勅撰の国史に善作和歌と記録されたのは、ただ業平一人だけである。最も名高いことである）と附言し、続けて、「土佐日記はわづか一巻なるに、業平の事を引ける事三所見えたり。貫之《つらゆき》のしたはれたるは、天下の歌人のしたはれたるなり。あらずや」（ここも一応、拙訳をおぎなおう。紀貫之の書いた『土佐日記』はたった一巻だけの書物なのに、業平のことを三ヶ所で話題にしている。貫之が業平を慕《した》ったということは、天下の歌人、紀貫之に慕われたということである。違うだろうか。）」と言っている。

秀雄は、「善作㆓和歌㆒」より、むしろ「略無㆓才学㆒」のほうに、宣長だったら注意したろうという。「この史伝の撰者等は何故《なぜ》、歌の上手が無学なのは当り前という口ぶりで、物を言っているのかという事になったろう。」と言う。そして嵯峨天皇の頃から、漢文がもっぱら行われた時代の勢いを考えている。

其処《そこ》に、宣長が注目したのは、国語伝統の流れであった。才学の程が、勅撰漢詩集で知られるという事になっては、和歌は、公認の教養資格の埒外《らちがい》に出ざるを得ない。極端な唐風模倣という、平安遷都とともに始まった朝廷の積極的な政策が、和歌を、才学と呼ばれる秩序の外に、はじき出した。

だが、宣長は、漢文ではなく、国語である「日本語」が、すなわち「人々の共有する国語伝統の強い底流を形成している」と見ていたと、秀雄は、する。
そして、秀雄独特の「国語の伝統」観を重ね合わせる。

> 母親から教えられた片言という種子から育った母国語の組織だけが、私達が重ねて来た過去の経験の、自分等に親しい意味合や味わいを、貯《たくわ》えて置いてくれるのである。私達は、安心して、過去の保存を、これに託《たく》し、過去が失われず、現在のうちに生きかえるのを、期待しているわけだが、この安心や期待は、あまり大きく深いと言おうか、当り前過ぎると言おうか、安心しながら、期待しながら、そうとは気附かぬ程のものである。言語伝統は、其処《そこ》に、音を立てて流れているのだが、これを身体で感じ取っていながら、意識の上に、はっきり描き出す事が出来ずにいる。言語は言霊《ことだま》という自らの衝動を持ち、環境に出会い、自発的にこれに処している。事物に当って、己れを験《ため》し、鍛《きた》えられて、己れの姿を形成しているものだ。（傍点　佐藤）

少ない語彙の反復が目立つが、秀雄の散文詩の真実である。いわゆる私たちの《無意識》に光りをあてた表現であるが、ロマンティックなイメージのような印象を受ける。ヨーロッパでは二言語、三言語を話す人々がめずらしくない。それが日常なのだ。そういった人々の言語の伝統というものは、どのようになっているのだろうか。

また、話題が先走るが、『古事記』の和文化の困難が、秀雄の連載の三十二回の初出に見られる。

「古事記」の散文としての姿、宣長に言わすと、その地の文の「文体《カキザマ》」は「仮名書きの処」、「宣命書《せんみょうしょ》の如《ごと》くなるところ」、「漢文ながら、古語の格《サマ》ともはら同じき」処、「又漢文に引かれて、古語のさまにたがへる処」、そうかと思うと「ひたぶるの漢文にして、さらに古語にかなはず」という個所も交って、乱脈を極めている。

便宜的に表記を改めて引用した。拙訳を、説明的に試みると、『古事記』の地の文の書き方は、「万葉仮名」のところ、かと思うと、天皇の命令書である宣命の書き方で、名詞や動詞や形容詞などの語幹の部分を大きい漢字で書き、残りの部分、つまり、活用語尾や助動詞、助詞は、小さい万葉仮名で書くようなところがあるかと思うと、漢文でありながら、古語の定まりとまったく同じところ、さらにまた漢文の書き方に影響されて、古語とは違ってしまっているところ、そうかと思うと、純粋な漢文で、まったく日本の古語とはいえないというところも交って、まったくメチャクチャである。と、拙訳は、文法用語も混じらざるを得なかったが、『古事記』の地の文章は、メチャクチャであることは、伝わったであろう。これが「国語の伝統」の現実である。

　グローバル化した現代日本でも、カタカナ表記の外国語、あるいはそのままアルファベットの外国語などの日常的氾濫。まともな日本語の会話も不十分なのに、小学校低学年からの英語教育。いつか、日本語が不要になる時代が来るかもしれない。日本文学の学術論文も英語で書かないと、意味をなさないも同然かもしれない。同じか、もっと衝撃的なことが、『古事記』の時代には起こっていた。「無文字社会の日本」に、つまり、「話し言葉しかなくて、日本語の文字がない状態の社会」に正体不明の《文字》というものが流入して、不思議な文化的政治的影響を与えていたからだ。口頭の日本語も、影響を受けずにはいられなかったであろう。『古事記』の時代にも、すでにして大量の漢文、音声を含む中国語の流入によって、日本語の伝統は充分、乱脈になっていただろう。

「瑞穂の国」と言うくらいだから、稲作で定住がはじまっていて、〈富の蓄積〉がはじまり、〈書き言葉〉によって戸籍や税制、〈知識の蓄積〉が開始され、文化国家の基礎となったであろう。「文字と記録の集積」のあるところに、国家が発展する。

いや、話が走りすぎた。秀雄の認識に戻ろう。

彼が「詞《ことば》の玉緒《たまのお》」で究明したのは、私達が言語を持っているのは、あたかも私達が肉体を持っているが如きものだという事であった。言語は、本質的に或《あ》る生きた一定の組織であり、この組織を信じ、組織の網の目と合体して生きる者にとっては、自由と制約との対立などないであろう。

『詞の玉緒』(一七七九年)は、宣長が、係り結びやテニヲハの研究をした書である。この記述の「言語」や「言語の組織」は、一般的に、個人の言語能力を遥かに越えた、いわゆる《ラング》ではありえない。《ラング》とは、共時的な広がりを持つ、一般的な辞書の語彙数では充たされないほどの文法法則を内包した概念なので、生の個人の言語能力では耐えられない。なにか、もっと素朴な言葉の活用を秀雄は考えている。つまり、戦前から、言語学者の小林英夫が紹介していたソシュールに秀雄は無縁だということがわかる。「私達が言語を持っているのは、あたかも私達が肉体を持っているが如きものだ」ということは、私たちの身体能力に限界があるように言語能力にも限界があり、間違いもあるということだ。「言語は、本質的に或《あ》る生きた一定の組織であり」と言っても、「日本語全体の組織」は私たちの頭脳には入りきらないし、「合体」するといっても、個人的に部分的に自己の言語能力の範囲内である。「自由」があるとしても、個人の言語能力内であり、それ以上は不可能であるから、「制約」は存在する。「無限の言語能力を持つ人間」など、存在しない。

……などと結論したら、秀雄に失笑されるだろう。秀雄の言いたいことは、私たちが楽しく会話したり、話で盛り上がったときとかに、「日本語」とか「文法」とかいうことをまったく意識しない事実を指しているだけなのである。それは通常、私たちが身体を動かしながら、身体それ自体を意識しないのと同じようなことだ、と言いたいだけである。

6　日本で初めての、日本の文字による文章

これは言うまでもなく、『古今和歌集』の「仮名序」のことである。「ひらがな」が日本の文字として生まれたのである。現代では「漢字」を日本語だと勘違いしている人もいるが、元来、「チャイニーズ・キャラクター＝中国文字」である。

しかも、「仮名序」は、日本初の「文芸批評文」でもある。ほんとうに紀貫之《きのつらゆき》は凄い。当時の男性は、公文書や日記は、漢文で書いていた。貫之は女性に仮託して、「ひらがな」の日記を書いた。女性の「ひらがなの日記」はまだ日本に存在しなかった。貫之が『土佐日記』を書いてみせた。

まず秀雄は「序」について述べている。

――序と呼ばれている漢文の文体を、和文に仕立て上げたものというところにあった……これは全く先例のない仕事で、余程《よほど》の困難が伴った筈《はず》である。……恐らく、貫之にとって、和文は、和歌に劣らぬ、或《あ》る意味では一層むつかしい、興味ある問題とし

て、常日頃から意識されていただろう。

『源氏物語』という世界遺産も、貫之による「和文の実験」がなければ、存在し得なかった。貫之の実験の後に、物語や日記といった女流文学も花開くのである。秀雄が「彼の資質は、歌人のものというより、むしろ批評家のもの」というのは、正しいであろう。でなければ、「仮名序」や『土佐日記』まで、頭がまわらなかったであろう。貫之の「和歌と和文の問題」は、現代で言う「詩と散文の問題」とは違うと、秀雄は言う。

言うまでもなく、日本の文学が誕生以来背負って来た漢文という宿命的な荷物の故《ゆえ》だ。言葉はあっても、文字がない、漢字を使って、国語をどう書くか、更《さら》に、国語で漢文をどう読むか、これに関する上代の人々の長い間の苦労を言ってみても、私達には、もう夢のような話である。

「文字のない日本」に「漢字」というものが激しく流入してきた。日本人は「書こう」と思っても、「日本の文字」がない。仕方がないから、「漢字」を使って日本文をどうやったら書けるか工夫する。さらに「漢文」をどうやって読むか、その方法がわからない。そして、秀雄は『万葉集』に言及する。

私達が持っている最高の詩集「万葉」が現れるようになっても、未だ不思議な事が見られる。「万葉」をひらけば、直ぐ解る事だが、詩の表記には、万葉仮名が用いられていながら、題詞や左註《さちゅう》の散文は、漢文で書かれているのである。当時の歌人達が、このような二重の経験に、実際、どんな言語感覚を以て、処していたかは、明らかでないとしても、詩の表現上で、あれほどの高所に達していた彼等である、日本語による散文の制作という次の問題に対する心構えは、誰にもあったであろう。

引用文中、「題詞」はいわゆる「詞書《ことばがき》」、和歌の「まえがき」であり、「左註」は、和歌のあとにつける注釈である。これらの記述は、近代詩における欧米の「詩の移植」、近代小説の確立以上に、異様な、長い期間にわたる困難な時代状況が続いたことを示している。「話し言葉としての日本語」はあっても、「書き言葉としての日本の文字」が存在しないから、「万葉仮名」という《漢字表記》を発明したのである。それらは「高度な詩的表現」を獲得するに至っていた。しかもなお、《書く》となれば、「漢文で書く」ということが一般的であった。それが「題詞」や「左註」の書き方に現れていて、「漢文」であったのである。「万葉仮名」は例外で、《書く》といえば、当時の日本人は「漢文」であった。

だから、『古今和歌集』も「仮名序」も革命的であったのである。もちろん、『土佐日記』も。「仮名序」は、中国に「序」という形式のお手本があったが、『土佐日記』の「本文」にはなかった。秀雄の見解によれば、次のようになる。

「土佐日記」となると、「序」という手本はもうないのだから、和文の実験は、余程《よほど》自由なものになった。漢文の問題が、裏にかくれて、表に現れた和文が、和歌の体に対する和文の体として、意識されるようになった。

そして、『土佐日記』の有名な冒頭を、こう解析する。

「女もしてみむとてする」この日記は、「男もすなる日記といふもの」、つまり、漢文体で書かれた文体も持たぬ覚書に、対抗して書かれたのではない。

これは重要な指摘である。「男性の漢文日記に対抗して書かれたものではない」というのだ。大抵《たいてい》の人は「男もすなる＝男性もすると聞く」日記というものを、女性もしてみようと思ってするのである、という言葉をまともに受取って、だまされるのだが、貫之は「漢文体で書かれた文体を持たない覚書」など、相手にする気はないのである。

対抗するものがあれば、それはむしろ、和歌の体であった。和歌では現すことが出来ない、固有な表現力を持った和文の体が、目指されていた。……最初の国字と呼んでいい平仮名の普及がないところに、和文の体がどうのこうのという事はあり得ない。

女手《おんなで》といわれているくらいで、国字は女性の間に発生し、女性に常用されていたのだから、国文が女性の手で完成したのも当然な事であった。

秀雄は絶頂としての『源氏物語』をパースペクティヴにおさめる。「国文が女性の手で完成した」のが、十一世紀であるから、時代をさかのぼれば、「漢字」が三世紀ごろには何らかの意味で使われ、五世紀には百済《くだら》の王仁《わに》によって『論語』、『千字文《せんじもん》』が伝えられてからでさえ、五百年以上が経過している。九世紀には勅撰漢詩集が『凌雲集《りょううんしゅう》』、『文華秀麗集《ぶんかしゅうれいしゅう》』、『経国集《けいこくしゅう》』と続き、十世紀初頭に『古今和歌集』で、国字による「和歌の体」が陽の目を見るまで言語的軋轢《あつれき》は続くのである。その、秀雄の言う「和歌の体」の『古今和歌集』でさえ、今日では中国文化の影響を指摘されている。漢字と漢文の流れの底で、「女手の国字＝平仮名」は中国語と文化の影響を消化しながら生命を保ってきた。常識的なことであるが、「ら」で始まる日本の単語は存在しなかったし、「ん」という音も本来、なかった。『古事記』や『万葉集』の「上代特殊仮名遣い」から、二十字を超える「万葉仮名」が消滅して、日本語の「仮名の数」が激減した。「上代特殊仮名遣い」は、平安時代までには完全に消えて、「ひらがな」が誕生した。その間、起こっていたのは次のことである。

――学問の普及とは、漢文の漢文のままの模倣から、母国語の語脈《ごみゃく》に添《そ》う読みによる、漢文の理解の普及に進んだという事を意味するからだ。この、漢文の日本語への翻訳という仕事に習熟しなければ、どうにもならぬ自国語の構造なり構成なりに関する、鮮明な意識は養われはしない。

秀雄が言っていることは、簡単なことである。ふつう、日本人が英文を読む時、自然に「日本語訳」が心の中に浮かんでくる。古代の日本人も、漢文を読む時、自然に「日本語」が浮かんできたのである。それが、「日本語の自覚、日本語の構造の自覚」となりながら、平安時代まで何百年間にもわたって潜伏してきて、それが顕在化したのが国字の「和歌の体」や「和文の体」で、国文の誕生となった。

7　漢字文化圏と安倍晋三

東アジアに広がる巨大な「漢字文化圏」は、四千年の歴史を誇る中国文化の偉大さである。その中でも日本は特別であった。

漢字漢文を、訓読によって受け止めて、遂にこれを自国のうちに消化して了《しま》う、という、鋭敏で、執拗《しつよう》な智慧は、恐らく漢語に関して、日本人だけが働かしたものであった。

最初に日本に到来した漢字は、表意文字であった。ちなみに、アルファベットを表音文字だと思っている人々がいるが、もともとは表意文字である。それを表音文字として使いだした人々がいて、それが広がっただけである。「ひらがな」も表音文字である。

ともかく漢字文化圏で、「漢文の訓読」をやったのは日本だけである。それだけ犠牲も大きかった。秀雄が例にあげているが、「アメ」は日本語であるが、中国語では「天」の意味が近いので、日本語の「アメ」に「天」を当てた。「アメ」は「アマテラス」の「アマ」

とも変化するが、中国文化の「天」と、日本文化の「アメ」は、似てるかもしれないが、違うものである。日本語の「アメ」はいつの間にか、《本来の日本語の意味とニュアンス》を失って、漢字の「天」の意味に使われる。こういうところに白川静《しらかわしずか》の『字訓』という辞書などの仕事が来る。「古訓」といって、昔の人々が、個々の漢字に「いくつもの日本語」を当てた例が出て来る。

「この漢字は、こう読む。音読みはこうで、訓読みはこうだ」と学校で教える。これは、ある意味、《強制》である。確かに、これで日本語の混乱はなくなるが、古代の日本人は「もっと自由に漢字を読んでいた」のである。現代では「送り仮名」もまちがうことができない。「ひらがな」で書くと馬鹿にされ、「漢字」で書くとほめられる。中国文化優先である。外来文化が高い教養を示す。そこまで中国文化を尊重するなら「国語」の読みは「コクギョ」が正しい。『論語』も「ロンギョ」である。「国語」を「こくご」と読むのは慣用に過ぎない。

「天」に始まったことではないが、《日本語の意味は中国化》されてきた。そういったことだけでなく、文化全体にわたる《中国化》をできるだけ洗い流して、なるべく《まっさらな日本》を求めようとするのが、《宣長の強烈な志向》である。宣長のやろうとしたことである。

読書に習熟するとは、耳を使わずに話を聞く事であり、文字を書くとは、声を出さずに語る事である。

これは真実であろうが、このことによってデータの蓄積が始まる。知識の蓄積が始まる。それが国家の統制にも活用され、税制、戸籍、法制度に連続していく《権力》となり、文化国家となる。

やはり何と言っても、漢字の持つ厳しい顔には、圧倒的なものがあり、何時《いつ》の間にか、これに屈従していたという事だったであろう。屈従するとは、圧倒的に豊富な語彙が、そっくりそのままの形で、流れ込んで来るに任せるという事だったであろう。

大量の「語彙＝ヴォキャブラリー」の日本への洪水である。言葉だけではない。文物や、文化、政治制度まで輸入することになる。悲惨な、後進国の日本の現実である。秀雄は続ける。

それなら、それぞれの語彙に見合う、凡《およ》その意味を定めて、早速理解のうちに整理しようと努力しなければ、どうなるものでもない。……これが、わが国上代の教養人というものを仕立てあげ、その教養の質を決めた。

日本の知識人は漢字漢文の模倣を行い、熟達し、「正式な文章と言えば、漢文の事と、誰もが思うような事になる」。そして「口誦《こうしょう》のうちに生きていた古語が、漢字で捕えられて、漢文の格《サマ》に書かれると、変質して死んで了《しま》うという苦しい意識が目覚める」。「この日本語に関する、日本人の最初の反省が「古事記」を書かせた」というのが、秀雄の述べるところであるが、にわかには信じがたい。『古事記』以前にも、その材料となった文字資料があった。直接的に口誦《こうしょう》、口頭言語から、『古事記』が生まれたわけではない。

以前にも引用したが、秀雄の初出稿では、すでにして口誦の日本語さえ、漢字漢文によって影響を受け、中国化していた。それは宣長がつぶさに述べている。「古語」の尊重などと言うより、津田左右吉《つだそうきち》の言うように「記紀」は「六世紀前後の大和朝廷が、皇室の日本統治を正当化しようが為の、基本的構想に従って、書かれたもので、勿論《もちろん》、日本民族の歴史というようなものではない」というようなストレートな政治的意図のほうが、割りきれる。いわゆる《紀伝体》ならば、日本民族の歴史であろうが、その典型としてならば、司馬遷の『史記』がある。『史記』には、「帝紀」だけでなく、民衆の歴史、《列伝》まである。それなのに『日本書紀』に下層民が描かれないのは、後進国のせいもあるであろう。後進国で未開であればあるほど、下層民は「人間扱い」されない。『日本書紀』が『日本紀』であって、『日本書』になれない理由もそこにある。『日本書』の「紀」だけだからである。

秀雄ははっきり記しているが、『古事記』の「序文偽作説」を真淵が述べていた。本文の文体は和銅五年（七一二年）などよりもたいへん古いであろう。「序」はおそらく奈良時代の誰かが、あとで付け加えたものだろう。この「序」がなければ、非常に前時代のものに見える、と。

「古事記序」の文体に、真淵は躓《つまず》いたのだが、宣長は慎重であった。

こう書いて秀雄は長々と説明しているが、この「序文偽作説」は、現代の学界でも問題となっている。「古事記序」は、「上表文」であるが、その「古事記序」の表現が、唐の『五経正義』（六三八年）にもとづいていることは学界常識である。だから、一見、「偽作説」は崩れるように見える。しかし、『古事記』が七一二年、『日本書紀』が七二〇年、この近さは何なんだ、しかも、『古事記』は正史には、まったく記録されていない。

ともかくも私たちは、安倍晋三などという政治家を見ている（モリ・カケ、とかなんとか）。天武天皇も政略にたけた専制君主で、壬申の乱という前例のない大きな内乱で、政敵を滅ぼしてボスになったのだが、『日本書紀』には都合のいい事しか書かれていない。「古事記序」は贋作でないとしても、『古事記』は公文書には現れない。『古事記』の本体は上代特殊仮名使いであり、「真作?」であるが、「古語」の純粋な保存に重点をおいて書かれたなどということは、そんなロマンティックなことは考えられない。「古事記序」は、後で付けたものという可能性もまったくないわけではない、というのは論理的にあり得る。

私達は国語に先立って、どんな言語の範例も知らなかったのだし、私達は知らぬ間に、国語の完成された言いざまの内にあり、これに順じて、自分達の思考や感情の動きを調《ととの》えていた。ここに養われた私達の信頼と満足とが、おのずから言語伝統を形成して、生きつづけたのは、当り前な事だ。

と秀雄は言うが、『日本書紀』以上に『古事記』は、平安時代以降は、ほとんど誰も読めない、長い時代無視され続けただけの史書ではないか。おまけに無垢な言語ではなく、政治権力を正当化する「国語」である。今さらのように秀雄の脳天気さにはあきれる。

天皇の意は「古語」の問題にあった。

と断言して、他には頭のまわらない秀雄にはついて行けない。

などと、不満はあるが、「古い日本語」で、『古事記』は書かれたのは確かである。当時の「木簡」でも『古事記』風の「文字記述」は確認できる。

ともあれ、壬申の乱を収束して、新国家の構想を打出さねばならなかった天武天皇には、修史の仕事は、意気込みから言えば、新憲法制定の如き緊急事であった事には、間違いあるまい。この事実を、「古事記」は、支配者大和朝廷が、已れの日本統治を正当化しようが為の構想に従って、書かれたもので、上代のわが民族の歴史ではないと現代風に言い直してみたところで、何の事はない、天武天皇は、現代風な史家ではなかった、という以上の事が、言えた事にはならない。編纂が、政策に準じたものだったにせよ、修史である以上、当時の社会常識によって、歴史事実と承認されたところを踏えずに、事が運んだわけはないからである。

こうも、秀雄は記している。それだけ重要な『古事記』であるならば、日本の正史に堂々と記されているはずではないか。「新憲法」のような重大なものは、江戸時代に宣長が採り上げるまで身を隠したりするであろうか。

引用文中、「何の事はない、天武天皇は、現代風な史家ではなかった、という以上の事が、言えた事にはならない。」は、秀雄独特の、はぐらかしである。天武天皇は、ワンマンな専制君主であって、配下の者を重用するようなボスではないから、その意味で、「現代風な史家」ではなくて《権力者》である。今日の民主主義社会と違って、「当時の社会常識によって」などという言い方は意味をなさない。そもそも、修史としての『古事記』は存在しなかった、と結論するしかない。政治社会的に意味をなさない。

正式の修史は、八年後の『日本書紀』で、完成の祝いの「日本紀講筵《こうえん》」（七二一年）も元正天皇が行い、のちにも「日本紀講筵」は続き、これは実に重要視された。歴史の示すところである。

『古事記』の方は、江戸時代になって、宣長の大仕事で一気に、大いに読まれるようになった。現代でも、その物語性で人気である。

8　宣長、『古事記』を訓読する

『古事記』は太安万侶《おおのやすまろ》が元明天皇の詔《しょう》に従い、稗田阿礼《ひえだのあれ》の誦習《しょうしゅう》した帝紀・旧辞を筆録して撰進したものである。宣長は言う、「この古事記は、あの阿礼の誦習（暗唱して習う）して記録したものであるが、その中にはかなり上代のままに伝わったと見える語も多く、また当時の言葉つきと思われるところも多いので、ことごとくすべてを上代の語とは読みがたい。それゆえすべての地の文を阿礼の言葉だと決めて、その当時の風情で以て訓じるべきである」（拙訳）。『古事記伝』、「訓法《ヨミザマ》の事」である。秀雄の述べる、「宣長の本文訓読の仕方」を見てみよう。

――どう訓読すれば、阿礼《あれ》の語調に添うものになるかというような、本文の呈出している課題となれば、其処《そこ》には、研究の方法や資料の整備や充実だけでは、どうにもならないものがあろう。ここで私が言いたいのは、そういう仕事が、一種の冒険を必要としている事を、恐らく、宣長は非常によく知っていたという事である。

つまり、どんなに資料を集めて研究したところで、阿礼が、実際には、どんな風に読んだかはわからないということである。そういう限界も、宣長はよく自覚していたということである。

——実証の終るところに、内証が熟したとでも言うのが適切なものがあったと見るべきで、これは勿論《もちろん》修正など利《き》くものではない。

宣長は資料で研究したあげく、限界に達すると、資料なしに、自分の考えで「間違いなく、こうだ、こうしか読めない」という心理状態になるのである。その、言わば、客観的には「曖昧《あいまい》」なところを含む「古言」を、「古言のふり」という。

「古言」は発見されたかも知れないが、「古言のふり」は、むしろ発明されたと言った方がよい。

宣長による「古語」の創造である、と言っては間違いがあるかもしれないが、長い研究経験にもとづく「発明」である。

先ず、文の「調《しらべ》」とか「勢《いきおい》」とか呼ばれる全体的なものの直知があり、そこから部分的なものへの働きが現れる。

ひとつひとつの「古語」の読みよりも、「文全体の調べや勢い」を把握して、そうやって個々の言葉に迫っていくのである。

――厳密な研究のうちにも、言わば、自主独往《どくおう》の道をつけているという事があるのだ。

彼は、証拠など要らぬと言っているのではない。与えられた証言の言うなりにはならぬ、と言っているまでなのだ。

秀雄は、ここまで宣長の「学問する心」を見抜いていた。素人の常識を遥かに超越していると言ってよい。

9　荻生徂徠の近代的思考、モダニズム

秀雄は村岡典嗣に示唆《しさ》されて、あらためて宣長は徂徠に大きな影響を受けたとして、記述を旋回させて行く。徂徠の古文辞学は、当時の官学であった朱子学を否定する。『論語徴《ろんごちょう》』を読めばわかるとおり、徂徠は孔安国《こうあんこく》や鄭玄《じょうげん》などの「古註」を重んじて、朱子学に敵対した。また、荀子《じゅんし》を重んじた。古学の伊藤仁斎《じんさい》が孟子を重んじたのと対照的である。朱子学は宋学である。仏教の禅の影響も受けており、「理」を重んじたので、理学とも称される。江戸時代には大きな勢力であったが、「理」が万能なので「理」を駆使する朱子が孔子以上に偉大な人物のように逆立ちしてしまう。「朱子」の「子」はもちろん尊称なので、朱熹《しゅき》である。

徂徠に『弁道』(一七一七年)がある。この書から、秀雄がおもしろいところを引用している。拙訳してみる。

しかしながら、私もまた、学者を自分の言動によって、宋学の儒学者や諸家の説を否

定し去ろうとは思わない。古の代と今の代と遠く離れて遥かである。（非常に貴重な宝のような）六経《りくけい》（「易経」、「書経」、「詩経」、「春秋」、「礼記」、「楽経」）は、欠けてしまって、完全ではない。欠けているから、結局、「理」を働かしてこれを推定するしかない。「理」を働かせて推測するのは、宋学の儒学者が最初である。ただし、その「理」の精度があまいせいか、そのために「理」は行きづまる。「理」の精度を上げてゆき、さらにまた精度を上げていけば、必ず宋学の儒学者やその他の学者にも問違いはなくなる。その上に、また学問の道は、思考するということを貴重だとする。思考する時には、（儒学に反するような）老子や仏教の説であろうとも、すべて自分の（思考の）助けとするのに充分である。どうして、（儒学である）宋学の儒学者や諸家の説が、まして助けにならないことがあろうか。

秀雄は、このような徂徠の文章の引用をしてきて、次のように言う。

徂徠は、ここで何も妥協しているわけではないし、特に寛大な態度をとったというような事でもない。これは、そのまま徂徠の思惟《しい》の姿を現しているので、彼は、問題は、考えれば考えるほど難解なものだ、と非常に正直に言っているのである。

私には、秀雄の、このコメントの意味がわからない。「問題は、考えれば考えるほど難解なものだ」などと、どこをどう読めば、言えるのであろうか。「理」は、理窟は、それ自体、無性格なものである。「理」は、あるいは、論理は、「対象を選ばない」。宣長だって、「論争好き」でさんざん、「論理を駆使」するではないか。宋学の儒学者や老子や仏教だろうが、立場を超えて、論争することができる。ただ、レヴェルの低い論理闘争は無意味で、論理の「精度」をどんどん上げなければ、不毛なのだ。基礎資料が、「六経《りくけい》」のように欠けていて不完全でも、残存しているデータから、なるべく「精度の高い推論」を導き出さなければならない。「思考する」ということは最も重大で基礎的な力となる。論理的な思考の動きは、貪欲であって、老子でも仏教でも、立場を崩すほど強力に働く。宋学の儒学者の「理」は本来、そのような可能性を秘めている。秀雄の言うように「――学者各自に切実な思惟という実を離れて、理を何処かへ祭り上げるのは無用である」というのは、もっともである。

私の使用しているテキストは、『小林秀雄全作品28』（新潮社　二〇〇五年一月）である。「本居宣長　下」で「三十二」から始まる。秀雄は、ここで、まったく前を承けず、読者から見ればまことに勝手に宣長から離れていって、「三十三」に至り、この本の三十二頁まで続く。途中、正直言って、あまり充実した記述とも感じられない。異論があれば、積極的に出してほしいが、この構成の『本居宣長』という大著における意図が私にはよくわからない。前に私が長々と引用して拙訳した『弁道』は、徂徠の「思考の近代主義＝モダニズム」として理解できる。

10　太陽神と秀雄

宣長の「くず花」を読むと、次のような宣長の「確信」が語られている。

――日の神は即ち天つ日にましますす御事は、古事記書紀に明らかに見えて……

訳すまでもないと思うが、天照大御神は太陽でいらっしゃいますことは、『古事記』、『日本書紀』にも明らかであって、ということである。こういった記述を含む「くず花」を秀雄は次のように評している。

――主題がいろいろな向きから、無造作に扱われて、かなり混乱しているが、宣長の根本的な考えを見分ける事は難しくはない。それは、一と口に言うなら、事と理とを混同してはいけない、混同から、あらゆる迷妄が生ずる、という考えである。彼は、理というものを頭から否定するのではない。ただ、己れの智《サトリ》を頼む者が迷い込む「空論理窟」を、極力排斥するのである。

「くず花」に戻ってみよう。

――そもそも此日神は、天地のきはみ御照《ミテラ》しませ共、その始は皇国に成出坐《ナリイデマシ》て、その皇統即ち皇国の君として、今に四海を統御し給へり、……

そもそもこの天照大御神は、天地の果てまでもお照らしなさっていらっしゃいますが、その始めは日本の国に生まれになられて、その皇統が日本の天皇として、今もこの世界の国々を統治なさっています、というようなことである。さらに、かいつまんで、文章を追ってゆくと、天照大御神が生まれる前は、常に闇夜ではなかったのは、なぜか、ということは、子どもでもよく気がつくことで、疑うのだが、今、私を論難するあなた（市川匡麻呂《たづまろ》）までが、めずらしいことのように大げさに言い立てるのは幼いことだ。この事実ひとつからしても、かえって、神代の古事が真実であって虚偽でないことを悟らなければならない。もし、後代の天皇が神代の古事を創作しなさったのであれば、これほど浅はかに聞こえて、人が信じるはずもない事を創作しなさることがあろうか。ここのところに、よく留意して味わってみるがよい、……。などといった調子である。

まるっきり、《宗教の勧誘者》の言葉つきである。「国学者」ではない。これを、

「くず花」の儒学攻撃は、儒学の頼む「理」への攻撃の上に立っているので、……

と秀雄がフォローしても、「論争好きな宣長」は、どこまでも「理」と言って悪ければ、「理窟」が好きなのである。《理詰めにものを考える》ことをしなければ、そもそも宣長は「学者」になんか、なってはいない。もちろん、秀雄の言う「儒学の理」が宋学の儒学のものだということもわかるが、次のような秀雄の文章もわかりにくい。再引用になるが、

彼は、理というものを頭から否定するのではない。ただ、己れの智《サトリ》を頼む者が迷い込む「空論理窟」を、極力排斥するのである。

「空論理窟」を言っているのは、宣長の方に見えて来る。すでにして、宣長は《宗教的ドグマ》に囚《とら》われているので、宗教の俘囚である。宣長からの引用を秀雄は続ける。

――たゞ理といふ事を嫌《キラ》ふに過《スギ》て、明らかに見えたる理を得知らざる也、いかに理をいふ事を厭《イト》へばとて、顕《アラ》はに見えたる理をも、しひて、覆ひ隠すべきにあらず、……

ひたすら「理」をきらいすぎて、明らかに見える「理」まで知らないのは、いかに「理」

を言うことを嫌うからといって、あらわに見えている「理」までも、無理にかくすべきではない、と宣長は言っている。だれが見ても、明らかな理窟は認めるべきだという主張である。だからこそ自分の「理」が正しいと自信をもって、「くず花」のような論争を宣長はするのである。そして、自分は誰が見ても「明らかな理窟＝理」を述べているつもりであろう。

　引用文は、私は省略したが、煩雑だからである。秀雄の引用はもっと続くが、引用を終って秀雄は言う。

> こうなると、話は縺《もつ》れて来るが、筆者の考えに添うて、小口から解いて行けば、この答えで、先ず、明らかな事は、無きことを、有りげにいいなす理と、有る事の上に、顕わに見えたる理と、言わば空理と実理とを、宣長ははっきりと区別して、考えている事だ。
>
> 次に、この実理を摑《つか》んで、考えを深めて行けば、当然、理はいくらでも精《くわ》しくなる。古伝説に、歴史の現実的な意味合を読み取る事も出来るようになる。

行分けして、三段論法のような秀雄の文章を引用したが、最後の傍線は私のものである。

秀雄は、日本神話（古伝説）を「事実」と見なしているのである。秀雄は、荒唐無稽な「くず花」の原文を誰も読まないことを前提に書いているのではないかと思えてくるほどである。そして秀雄は、あたかも宣言するかのように断言する。

「古事記伝」の言い方で言えば、「尋常《ヨノツネ》の理」に精しくなれば、「其《そ》の外に測りがたき妙理《クスシキコトワリ》のあることを知る」ようになる。そういう考えだ。

つまり、この世のことを詳しく知れば知るほど、この世の「理」のほかに、宗教の不可思議な「理」、すなわち、神の摂理という「理」が、神道の信仰が、待ち受けているという結末になるのだろう。そして宣長の立場から、秀雄は続ける。

宣長は、そう考えるとともに、空理を捨てて、実理を取るという、当り前な事が、何故、こうもむつかしいのか、何故、世の識者達は、皆争って空理に走るのか、という疑問に出会う。

これは秀雄が宣長に対して《盲目》にならなければ言えないことであろう。《宣長信仰》とでもいうべきものがなければ、でてこない表現である。秀雄は宣長に対する批判の眼を閉じている。そして、当たり障りのない表現に収束させていく。こんなふうな着地である。

わが国で一番古い、又今日まで一番重んじられて来た史書「書紀」を開けば、一目瞭然の事だが、「天地の初発《ハジメ》のありさま」が、もう陰陽の空理によって説かれている始末である。

ここでの「空理」という用法は、我田引水、というか宣長と自分に都合にいいような転用である。

古伝説の正実《マコト》を捨てて以来、千余年、識者等の「漢意《カラゴコロ》の痼疾《フカキヤマヒ》」は治らない。「漢籍《カラブミ》説《ゴト》」に迷った病者には、陰陽の理と言われれば、天地自然の理として、すべての物も言も、この理を離れては考えられぬ。病は其処《そこ》まで来ている。

重症者は宣長でもある。秀雄にとっては宣長は健康そのものの「国学者」である。

11 「空理」と現代

秀雄は、頽廃した「現代の学問」を嘆く。

――理というものは、今日ではもう、空理の形で、人の心に深く染付き、学問の上でも、すべての物事が、これを通してしか見られない、これが妨げとなって、物事を直かに見ない、そういう慣しが固まって了《しま》った。自分の願うところは、ただ学問の、このような病んだ異常な状態を、健康で、尋常な状態に返すにある。学問の上で、面倒な説を成そうとする考えは、自分には少しもないのであり、心の汚れを、清く洗い去れ、別の言葉で言えば、学者は、物事に対する学問と思い込んでいるものを捨て、一般の人々の極く普通な生活態度に還れ、というだけなのだ。

私には特に言うことはない。

あとがき

昨年、二〇一八年三月、母スワを喪った。九十四歳であった。天寿といえるだろう。精神的に私は混乱した。あがきながら『小林秀雄の秘密』を書くことによって、精神の平衡を取戻そうとした。明るく書こうとした。断片的な発想しか浮かばず、短章形式になった。怒りのようなものも浮かんできて、激したりした。いずれにしろ、これが、母への、ささやかなレクイエムである。

今日の私があるのは、早稲田大学の恩師東郷克美先生をはじめ、小森陽一先輩、親友田澤基久、文学的にかかわってきた、諸先生、諸先輩、仲間たちのおかげである。

これで、私の秀雄とのかかわりは終わりにしたい。ずいぶんと長い戦いであった。秀雄を通じて、たいへん多くの文学、絵画、音楽を学ばせていただいた。文学は近代だけでなく、広く古典にわたり、また、フランス・ロシアの近代の名作までふくまれていた。小林秀雄に、あらためて感謝の念をささげたい。

この本の制作全般にわたって御苦労をおかけした小島雄氏にはたいへんお世話になった。ここに謝意を表したい。

二〇一九年一月

佐藤公一

佐藤公一（さとう・こういち）
［著者略歴］
1954年　秋田県生
1977年　早稲田大学教育学部国語国文学科卒業
1982年　北海道大学大学院文学研究科修士課程修了
1995年　秋田大学教育学部非常勤講師
現　在　文芸批評家
［主な著書］
『講座 昭和文学史 第2巻』（有精堂、1988年、分担執筆）
『モダニスト伊藤整』（有精堂、1992年）
『時代別日本文学史事典 現代篇』（東京堂、1999年、分担執筆）
『小林秀雄のリアル　創造批評の《受胎告知》』（彩流社、2016年）
『小林秀雄の超戦争―全釈『無常という事』を楽しむ』（菁柿堂、2017年）など多数。

小林秀雄《こばやしひでお》の秘密《ひみつ》
『本居宣長』をわかりやすく

2019年1月25日　第1版第1刷発行

著　者◆佐藤公一《さとうこういち》
発行人◆小島　雄
発行所◆有限会社アーツアンドクラフツ
東京都千代田区神田神保町2-7-17
〒101-0051
TEL. 03-6272-5207　FAX. 03-6272-5208
http://www.webarts.co.jp/
印刷　シナノ書籍印刷株式会社

落丁・乱丁本はお取り替えいたします。
ISBN978-4-908028-35-9　C0095